幸せになる勇気

それはもっと、明るく友好的な訪問になるはずだった。「次の機会があったときには、もはや論破などとは言わず、かけがえのない友人のひとりとして訪ねます」。たしかにあの日の別れ際、青年はそんな言葉を口走った。しかし、3年の歳月が流れたいま、彼はまったく違った目的を持って、この男の書斎を訪ねている。青年は、これから自分が打ち明けようとしていることの重大さに身を震わせ、どこから話すべきか、いまだ見当がつかなかった。

哲人　さあ、話していただけませんか？

青年　わかりました。どうしてわたしが再びこの書斎をお訪ねしたのか、ですね。残念ながら、先生とのんびり旧交をあたためようってわけじゃありません。先生もお忙しいでしょうし、わたしだって暇をもてあますような身分ではない。当然、火急《かきゅう》の用件あっての再訪です。

哲人　もちろんそうでしょう。

青年　わたしも考えました。十分すぎるほど悩み、苦しみ、考え抜きました。その上で、重大な決意を固め、それをお伝えしにきたわけです。お忙しいとは思いますが、今宵《こよい》だけはわたしのために時間をください。おそらく、これが最後の訪問になるのですから。

哲人　なにがあったのでしょう？

青年　……おわかりになりませんか？　わたしが苦しみ抜いてきた課題。それは**『アドラーを捨てるか否《いな》か』**ですよ。

哲人　ほう。

青年　結論から申し上げると、アドラーの思想はペテンです。とんだペテンです。いや、それどころか、害悪をもたらす危険思想と言わざるをえません。先生が勝手に信奉する分には自由ですが、できれば金輪際《こんりんざい》、口をつぐんでいただきたい。その思いを胸に、そしてあくまでもあなたの目の前でアドラーを打ち捨てるべく、今宵最後の訪問を決意したのです。

哲人　なにか契機《けいき》となる出来事があったのですね？

青年　冷静に、順を追ってお話しします。まずは3年前、あの、わたしが先生と別れた最後の日のことは覚えていますか？

哲人　もちろんです。白銀の雪が降りしきる、冬の日でした。

青年　そう。満月の美しい、青い夜でしたよ。アドラーの思想に感化されたわたしは、あの日を境に大きな一歩を踏み出しました。つまり、それまで働いていた大学図書館を辞め、母校の中学校で教師の職を得たのです。アドラーの思想に基づく教育を実践し、ひとりでも多くの子どもたちに光を届けよう、と。

哲人　すばらしい決心ではありませんか。

青年　ええ。当時のわたしは理想に燃えていました。こんなにすばらしい、世界を一変しうる思想を自分ひとりの胸に秘めていてはいけない。もっと多くの人に伝えなければならない。じゃあ、誰に伝えるのか？　……結論はひとつです。アドラーを知るべき人間は、薄汚れてしまった大人たちではない。次代をつくる子どもたちに届けてこそ、その思想は前に進むのだ。それがわたしに課せられた使命なのだ。……そんなふうに、火傷《やけど》しそうなほど燃えさかっていました。

哲人　なるほど。あくまでも、過去形で語られるのですね？

青年　そのとおり、もはや完全に過去の話です。いや、誤解しないでください。生徒たちに失望したのではありません。ましてや教育そのものに失望し、あきらめたわけでもない。わたしはただ、アドラーに失望し、つまりはあなたに失望したのです。

哲人　なぜでしょう？

青年　はっ、そんなものご自分の胸に手をあてて聞いてみることとですね！　アドラーの思想は、現実社会ではなんの役にも立たない、机上《きじょう》の空論《くうろん》でしかないのですよ！　特に、そこに掲《かか》げられた「**ほめてはいけない、叱《しか》ってもいけない**」という教育方針。断っておきますがね、わたしは律儀に守りましたよ。ほめることもしなかったし、叱ることもしなかった。試験で満点をとってもほめず、きれいに掃除をしてもほめない。宿題を忘れても叱らないし、授業中に騒いでも叱らない。その結果、なにが起こったと思いますか？

哲人　……教室が荒れてしまったわけですね？

青年　まさに。まあ、いまになって考えれば当然のことです。安っぽいペテンに引っかかった、わたしが悪かったのです。

哲人　それであなたは、どうされたのですか？

青年　言うまでもありません。悪さをする生徒に対し、強く叱る道を選びました。もちろん先生は、それを安直《あんちょく》にして愚《おろ》かな解決策だと断ずるのでしょう。しかしですね、わたしは哲学にかまけて空想にふける人間ではない。現実を生き、現場を預かり、生徒たちの命と人生を預かる、教育者なのです。しかも、目の前にある「現実」は、一瞬たりとも待ってくれず、刻々《こっこく》と動いている！　手をこまねいているわけにはいかないのです！

哲人　効果のほどはいかがです？

青年　無論、いまさら叱ったところで、どうにもなりません。もう、わたしのことを「気の弱いやつだ」と見くびっていますからね。……正直なところを申し上げれば、体罰が許された時代の教師たちを羨《うらや》ましく思うことさえありますよ。

哲人　おだやかではありませんね。

青年　誤解のないよう申し添《そ》えておくと、わたしは激情に駆《か》られて「怒って」いるのではありません。理性に基づき、教育の最終手段として、「叱って」いるだけです。いわば、叱責《しっせき》という名の抗生物質を処方しているのです。

哲人　それで、アドラーを捨てたくなった、と？

青年　まあ、これはわかりやすい一例に過ぎませんがね。たしかにアドラーの思想はすばらしい。価値観を揺さぶられ、曇っていた空が開《ひら》け、人生が変わったような気にさせられる。非の打ち所がない、世界の真理にさえ思える。……しかしですね、それが通じるのも「この書斎」のなかだけなのですよ！　この扉を開け放ち、現実の世界に飛び出していったとき、アドラーの思想はあまりにナイーヴすぎる。とても実用に耐えうる議論ではなく、空虚《くうきょ》な理論でしかない。あなたはこの書斎で、自分に都合のいい世界をこしらえ、空想にふけっているだけだ。ほんとうの世界を、有象無象《うぞうむぞう》が生きる世界を、なにもご存じない！

哲人　なるほど。……それで？

青年　ほめることもせず、叱ることもしない教育。自主性の名の下《もと》に、生徒たちを野放しにする教育。そんなものは教育者としての職務を放棄しているにすぎない！　わたしは今後、アドラーとは違ったやり方で子どもたちと向かい合います。それが「正しい」のかどうかは、どうでもいい。でも、そうせざるをえないのです。ほめることもするし、叱ることもする。当然、厳しい罰を与えることもしなくてはならない。

哲人　確認ですが、教育者であることは辞めないのですね？

青年　もちろんです。わたしが教育者の道を捨てることは、ぜったいにありえません。これは自分で選んだ道であり、職業ではなく「生き方」なのですから。

哲人　それを聞いて安心しました。

青年　他人事《ひとごと》のつもりですか!?　もしも教育者であり続けるのだとすれば、わたしはここでアドラーを捨てなきゃならんのです！　さもなくば、教育者の責任を放棄して生徒たちを見捨てることになる。……さあ、これはあなたの喉元《のどもと》にも突きつけられた刃《やいば》だ。どうお答えになります!?

人々はアドラーの思想を誤解している

哲人　まず、訂正させてください。先ほどあなたは「真理」という言葉を使いました。しかしわたしは、絶対不変の真理として、アドラーを語っているわけではありません。いわば、**眼鏡《めがね》のレ**

ンズを処方しているようなものです。このレンズによって、視界が開ける方は多くいるでしょう。一方、余計に目が曇るという方だっているでしょう。そういう人にまで、わたしはアドラーのレンズを強要しようとは思いません。

青年　おっと、逃げるのですね？

哲人　違います。こうお答えしましょう。**アドラー心理学ほど、誤解が容易で、理解がむずかしい思想はない。**「自分はアドラーを知っている」と語る人の大半は、その教えを誤解しています。真の理解に近づく勇気を持ち合わせておらず、思想の向こうに広がる景色を直視しようとしないのです。

青年　人々はアドラーを誤解している？

哲人　ええ。**もしもアドラーの思想に触れ、即座に感激し、「生きることが楽になった」と言っている人がいれば、その人はアドラーを大きく誤解しています。**アドラーがわれわれに要求することの内実を理解すれば、その厳しさに身を震わせることになるはずですから。

青年　つまり、わたしもアドラーを誤解しているとおっしゃるわけですね？

哲人　ここまでの話を聞く限り、そうです。とはいえこれは、あなただけの話ではありません。多くのアドレリアン（アドラー心理学の実践者）は、誤解を入口にして、理解の階段を登ります。きっとまだ、あなたは登るべき階段を見つけきれていないのでしょう。若き日のわたしにしても、すぐに見つけきれたわけではありませんでした。

青年　ほう、先生も迷った時期があったと？

哲人　ええ、ありました。

青年　では、教えていただきましょう。その理解に至る階段とやらは、どこにあるのです？　そもそも階段とは、いったいなんなのです？　先生はどこで見つけたのです？

哲人　わたしは幸運でした。アドラーを知ったとき、ちょうど主夫《しゅふ》として幼い子どもを育てていましたから。

青年　どういうことです？

哲人　子どもを通じてアドラーを学び、子どもとともにアドラーを実践し、理解を深め、確証を得ていったのです。

青年　だから、なにを学び、どんな確証を得たのかを聞いているのですよ！

哲人　**ひと言でいうなら、「愛」**です。

青年　なんですって？

哲人　……もう一度言う必要はありませんよね？

青年　はっはっはっ、これはお笑いだ！　言うに事欠《ことか》いて、愛ですって？　ほんとうのアドラーを知りたければ、愛を知れと？

哲人　この言葉を笑えるあなたは、まだ愛を理解されていない。アドラーの語る愛ほど厳しく、勇気を試される課題はありません。

青年　ぺっ!!　どうせ説教じみた隣人愛を語るのでしょう。聞きたくもありませんね！

哲人　あなたはいま、教育に行き詰まって、アドラーへの不信感を表明されている。のみならず、アドラーを破棄《はき》する、お前も二度と語るな、とまで意気込んでいる。なぜそこまで憤《いきどお》っているのか？　きっとあなたは、アドラーの思想を魔法のようなものだと感じていたのでしょう。その杖《つえ》を振れば、たちまちすべての願いがかなうような。

　だとすれば、あなたはアドラーを捨てるべきです。**あなたが抱いてきた、誤ったアドラー像を捨て、ほんとうのアドラーを知るべきです。**

青年　違う！　第一に、そもそもわたしはアドラーに魔法など期待していない。そして第二に、あなたは以前こうおっしゃったはずだ。**「人は誰でも、いまこの瞬間から幸せになれる」**と。

哲人　ええ、たしかに言いました。

青年　あの言葉など、まさに魔法そのものじゃありませんか！　あなたは「贋金《がんきん》にだまされるな」と忠告しながら、別の贋金を握らせようとしている。典型的な詐欺《さぎ》の手口です！

哲人　人は誰でも、いまこの瞬間から幸せになることができる。これは魔法でもなんでもない、厳然《げんぜん》たる事実です。あなたも、他のどんな人も、幸福へと踏み出すことができます。ただし**幸福**

とは、その場に留《とど》まっていて享受できるものではありません。踏み出した道を歩み続けなければならない。ここは指摘しておく必要があるでしょう。

あなたは最初の一歩を踏み出しました。大きな一歩を踏み出しました。しかし、勇気をくじかれ、歩みを止《と》めたばかりか、いま引き返そうとされている。なぜだかおわかりですか?

青年　わたしに忍耐力がないとおっしゃるのですね。

哲人　いいえ。あなたはまだ、**「人生における最大の選択」をしていない。**それだけです。

青年　人生における、最大の選択!?　なにを選べと?

哲人　先ほども申し上げました。「愛」です。

青年　ええい、そんな言葉でわかるか!　抽象に逃げないでください!!

哲人　わたしは真剣です。あなたがいま抱えられている問題は、すべて愛のひと言に集約されていくでしょう。教育の問題も、そしてあなた自身が進むべき人生の問題も。

青年　……いいでしょう。これは論駁《ろんばく》しがいがありそうだ。では、本格的な議論に入る前に、ひと言だけ申し上げておきます。先生、わたしはあなたのことを、まごうことなき「現代のソクラテス」だと思っているのですよ。ただし、その思想においてではなく、その「罪」において。

哲人　罪?

青年　なんでもソクラテスは、古代ギリシアの都市国家・アテナイの若者たちをそそのかし、堕落させた嫌疑《けんぎ》によって、死罪を言い渡されたそうですね？　そして脱獄を持ちかける弟子たちを制し、自ら毒杯《どくはい》をあおってこの世を去った。……おもしろいじゃありませんか。わたしに言わせれば、この古都でアドラーの思想を説《と》くあなたも、まったく同じ罪を抱えておられる。つまり、世間知らずの若者を言葉巧《たく》みにそそのかし、堕落させている！

哲人　あなたはアドラーにかぶれ、堕落してしまったと？

青年　だからこそ、こうして決別の再訪を決意したのです。わたしはこれ以上、被害者を増やしたくない。思想的に、あなたの息の根を止めておかねばならない。

哲人　……長い夜になります。

青年　しかし、今晩中、夜明けまでには決着をつけましょう。もう、何度も訪ねるまでもありません。わたしが理解の階段を登るのか。あるいは、あなたの大事な階段ごと打ち壊してアドラーを捨て去るのか。ふたつにひとつ、真ん中はありません。

哲人　わかりました。これが最後の対話になるでしょう。いや……どうやら、最後にしなければならないようです。

こなる

「アドラー」の教えⅡ

気

岸見一郎
古賀史健

ダイヤモンド社

幸せ

自己啓発の源流

勇

第一部 悪いあの人、

本書は、時代を100年先駆けた**アルフレッド・アドラーの思想**（アドラー心理学）を、「青年と哲人の対話篇」という物語形式を用いてまとめた**「勇気の二部作」完結編**です。

前作『嫌われる勇気』で示された幸福への道を、わたしたちは具体的にどのように歩んでいけばいいのか？ 日々、アドラー心理学をどう実践していけばいいのか？ そして、**アドラーがたどりついた結論**——幸せに生きるために**誰もが為さなければならない「人生最大の選択」**——とは、いったい何なのか？

ふたたび幕を開ける、劇薬の哲学問答。青年と共に理解の階段を登る〝勇気〟を、あなたは持っていますか。

かわいそうなわたし

第二部

なぜ「賞罰」を否定するのか

第三部 競争原理から協力原理へ

第四部　与えよ、さらば与えられん

第五部 愛する人生を選べ

第一部

悪いあの人
かわいそうなわたし

3年ぶりに訪れた哲人の書斎は、あのころとほとんど変わらなかった。使い込まれた机の上には書きかけの原稿が束《たば》になって置かれている。風に飛ばされないためだろうか、その上には金《きん》の細工が施《ほどこ》された古めかしい万年筆が載せられていた。青年にはすべて懐かしく、まるで自分の部屋のようにさえ感じられる空間だ。あの本も持っているし、あの本も先週読んだばかりだ。壁一面の本棚に目を細める青年は、大きく息をついた。ここに安住してはいけない。わたしは、踏み出さなければならないのだ。

アドラー心理学は宗教なのか

青年　わたしは本日の再訪を決意するまで、つまりアドラーを打ち捨てる決心を固めるまで、かなり真剣に悩みました。あなたが想像する以上に、悩み苦しみました。アドラーの思想は、それだけ魅力的でしたから。しかし同時に、わたしがあのころから疑念を抱いていたことも事実です。その疑念とはずばり、「アドラー心理学」という名称そのものに関わっています。

哲人　ほう、どういうことでしょう?

青年　アドラー心理学の名のとおり、アドラーの思想は心理学だとされている。そしてわたしの知る限り、心理学とは科学であるはずです。ところが、アドラーの唱える言葉は、とても科学的とは思えないところがある。もちろん「心」を扱う学問ですから、すべてが数式で表されるようなものではないでしょう。そこはよくわかっています。

しかしですね、困ったことに**アドラーは、「理想」にまで踏み込んで人間を語る**わけですよ。まるでキリスト教が説く、隣人愛のような甘ったるいお説教を。さあ、そこで最初の質問です。先生はアドラー心理学を「科学」だと思われますか?

哲人　厳密な意味での科学、つまり反証《はんしょう》可能性を持つような科学なのかと言えば、それは違うでしょう。アドラーは自らの心理学を「科学」だと明言していますが、彼が「共同体感覚」の概念を語りはじめたとき、多くの仲間が彼のもとを去っていきました。あなたと同様、「こんなものは科学ではない」と断じて。

青年　ええ、科学としての心理学をめざす者にとっては当然の反応でしょう。

哲人　このあたりはいまだ議論の続くところではありますが、フロイトの精神分析学、ユングの分析心理学、そしてアドラーの個人心理学は、反証可能性を持たないという意味において、いずれも科学の定義とは相容《あいい》れないところがある。それは事実です。

青年　なるほど。今日は帳面を持ってきていますからね。しっかり書き留めておきましょう。厳密な、意味での、科学とは、呼べない……と！　それで先生、あなたは3年前、アドラーの思想について「もうひとつの哲学」という言葉を使われましたね？

哲人　ええ。わたしはアドラー心理学のことを、**ギリシア哲学と同一線上にある思想であり、哲学である**と考えています。これはアドラー自身についても同じです。彼は心理学者という以前に、ひとりの哲学者であり、その知見を臨床《りんしょう》の現場に応用した哲学者である。これがわたしの認識です。

青年　わかりました。では、ここからが本題です。わたしはアドラーの思想について、よく考え、よく実践しました。疑ってかかっていたわけではありません。むしろ熱に浮かされたように、心底信じきっていました。ところが、特に教育の現場でアドラーの思想を実践しようとすると、驚くほどの反発が返ってくる。生徒たちだけでなく、周りの教員たちからも反発されてしまう。考えてみれば当然のことです。彼らとはまったく違った価値観に基づく教育を持ち込み、はじめてそれを実践しようとしているのですから。そしてふと、わたしはある人々の姿を思い出し、自らの境遇と重ねました。……誰だかわかりますか？

哲人　さあ、誰でしょう？

青年　大航海時代、異教徒の国に乗り込んでいったカトリックの宣教師たちですよ！

哲人　ほう。

青年　アフリカ、アジア、そしてアメリカ大陸。カトリックの宣教師たちは、言葉も文化も、神さえも違う異国の地に乗り込み、自ら信じる教えを説いていきました。まさにアドラーの思想を説かんと赴任《ふにん》した、わたしと同じように。彼ら宣教師だって、布教に成功することもあれば、弾圧され、残忍な方法で処刑されることもありました。いや、常識的に考えたら拒絶されるのが普通でしょう。

だとすれば、いったいどうやって彼ら宣教師たちは、現地の民に土着《どちゃく》の信仰を捨てさせ、あらたな「神」を説いていったのか。これは相当に困難な道ですからね。ぜひとも知りたいと思ったわたしは、図書館に走りました。

哲人　それは……。

青年　おっと、まだ話は終わりませんよ？　そうやって大航海時代の宣教師たちに関する書物を読みあさっていたとき、もうひとつおもしろいことに気づくわけです。**「アドラーの哲学は、結局のところ宗教ではないのか？」**と。

哲人　……なるほど。

青年　だってそうでしょう、アドラーの語る理想は、科学ではない。科学でない限り、最終的には「信じるか、信じないか」という信仰レベルの話に行きつく。そしてまた、こんなふうにも思うわけです。たしかにわれわれの目から見れば、アドラーを知らない人々は、偽《いつわ》りの神を信じる野蛮な未開人に映る。一刻も早く、ほんとうの「真理」を教え、救済しなければ、と感じる。でも、向こうからすると、われわれのほうこそ、邪神を信奉する未開の民《たみ》なのかもしれない。われわれこそが、救済されるべき存在かもしれない。違いますか？

哲人　無論、そのとおりでしょう。

青年　では、お聞かせください。いったいアドラーの哲学は、宗教となにが違うのです？

哲人　宗教と哲学の違い。大切なテーマです。ここは思いきって、「神」の存在を除外して考えると議論がわかりやすくなります。

青年　ほう。……どういうことです？

哲人　宗教も哲学も、そして科学も、出発点は同じです。わたしたちはどこからきたのか。わたしたちはどこにいるのか。そしてわたしたちはどう生きればいいのか。**これらの問いから出発したものが、宗教であり、哲学であり、科学です。**古代ギリシアにおいては哲学と科学の区分はなく、科学（science）の語源であるラテン語の「scientia」は、単に「知識」という意味でしかありません。

青年　まあ、当時の科学なんてそんなものでしょう。でも問題は、哲学と宗教です。いったい、哲学と宗教はなにが違うのです？

哲人　その前に、両者の共通点を明らかにしておいたほうがいいでしょう。客観的な事実認定にとどまる科学と違って、哲学や宗教では、人間にとっての「真《しん》」「善《ぜん》」「美《び》」まで取り扱う。ここは非常に大きなポイントです。

青年　わかります。人間の「心」にまで踏み込んでいくのが哲学であり、宗教である、と。それで両者の相違点、境界線はどこにあるのです？　やはり「神がいるのか、いないのか」という、その一点ですか？

哲人　いいえ。**最大の相違点は「物語」の有無**でしょう。宗教は物語によって世界を説明する。言うなれば神は、世界を説明する大きな物語の主人公です。それに対して哲学は、物語を退《しりぞ》ける。主人公のいない、抽象の概念によって世界を説明しようとする。

青年　……哲学は物語を退ける？

哲人　あるいは、こんなふうに考えてください。真理の探究のため、われわれは暗闇に伸びる長い竿《さお》の上を歩いている。常識を疑い、自問と自答をくり返し、どこまで続くかわからない竿の上を、ひたすら歩いている。するとときおり、暗闇の中から内なる声が聞こえてくる。「これ以上先に進んでもなにもない。ここが真理だ」と。

青年　ほう。

哲人　そしてある人は、内なる声に従って歩むことをやめてしまう。竿から飛び降りてしまう。そこに真理があるのか？　わたしにはわかりません。あるのかもしれないし、ないのかもしれない。ただ、**歩みを止《と》めて竿の途中で飛び降りることを、わたしは「宗教」と呼びます。哲学とは、永遠に歩き続けることなのです。**そこに神がいるかどうかは、関係ありません。

青年　では、永遠に歩き続ける哲学に、答えはないのですか？

哲人　哲学（philosophy）の語源であるギリシア語の「philosophia」は、**「知を愛する」**という意味を持ちます。つまり**哲学とは「愛知学《あいちがく》」であり、哲学者とは「愛知者」**なのです。逆に言うと、すべての知を知り尽くし、完全なる「知者《ちしゃ》」になってしまったら、その人はもはや愛知者（哲学者）ではありません。近代哲学の巨人カントは、「われわれは哲学を学ぶことはできない。哲学することを学べるだけである」と語っています。

青年　哲学すること？

哲人　ええ。**哲学は学問というより、生きる「態度」**なのです。おそらく宗教は、神の名の下に「すべて」を語るでしょう。全知全能の神と、その神から託《たく》された教えを語るでしょう。これは哲学と、本質的に相容れない考え方です。

　そして、もしも「自分はすべてを知っている」と称する者、知ることや考えることの歩みを止めてしまった者がいるとしたら、その人は神の実在や不在、また信仰の有無《うむ》にかかわらず、「宗教」に足を踏み入れている。わたしはそう考えます。

青年　つまり、先生はまだ答えを「知らない」のですね？

哲人　知りません。われわれは、その対象について「知っている」と思った瞬間、それ以上を求めようとしなくなります。わたしはいつまでも自分を考え、他者を考え、世界を考え続けます。ゆえにわたしは**永遠に「知らない」**のです。

青年　へっへっへ。その答えもまた哲学的ですね。

哲人　ソクラテスは、知者を名乗る人々（ソフィスト）との対話を通じて、ひとつの結論に達しました。わたし（ソクラテス）は「自分の知識が完全でないこと」を知っている。自分が無知であることを知っている。しかし、彼らソフィスト、つまり知者を自称する者たちは「すべて」をわかったつもりになっており、自らの無知についてなにも知らない。この一点、すなわち**「自らの無知」を知っている、という一点において、わたしは彼らよりも知者である。**……有名な、「無知の知」という言葉です。

青年　じゃあ、答えを知りもしない、無知なるあなたが、いったいわたしになにを授《さず》けるというのです!?

哲人　授けることはしません。共に考え、共に歩きましょう。

青年　ほう、竿の先まで？　飛び降りることをせずに？

哲人　ええ。どこまでも問い続け、歩き続けるのです。

青年　大した自信ですね、もう詭弁《きべん》は通用しないというのに。いいでしょう。その竿から、揺さぶり落としてさしあげますよ！

教育の目標は「自立」である

哲人　さあ、どこからいきますか？

青年　いま、わたしが抱える喫緊《きっきん》の課題は、やはり教育です。教育を軸に、アドラーの矛盾を暴いていきましょう。アドラーの思想はその根本において、あらゆる「教育」と相容れないところがあるのですから。

哲人　なるほど、おもしろそうです。

青年　アドラー心理学には**「課題の分離」**という考え方がありますよね？　人生のあらゆる物事について「これは誰の課題なのか？」という観点から、**「自分の課題」と「他者の課題」を切り分けて考える**。たとえばわたしが、上司に嫌われているとする。当然、気持ちよくはありません。なんとか好かれよう、認めてもらおうと、努力するのが普通です。

しかしアドラーは、それは間違っていると断ずる。わたしの言動、またわたしという人間について、他者（上司）がどのような評価を下すのか。これはその上司の課題（他者の課題）であって、わたしにコントロールできるものではない。わたしがどれだけ好かれる努力をしても、上司はわたしを嫌ったままかもしれない。

そこでアドラーは言うわけです。**「あなたは他者の期待を満たすために生きているのではない」**。そして**「他者もまた、あなたの期待を満たすために生きているのではない」**と。他者の視線に怯《おび》えず、他者からの評価を気にせず、他者からの承認も求めない。ただ自らの信じる最良の道を選ぶ。さらには他者の課題に介入してはいけないし、自分の課題に他者を介入させてもいけないと。

哲人　ええ。「課題の分離」ができれば、対人関係の悩みはかなり軽減されます。はじめてアドラー心理学に触れる者にとって、大きな衝撃をもたらす概念です。

青年　さらに先生は、こうおっしゃいました。それが誰の課題であるのか、見分ける方法は簡単である。**「その選択によってもたらされる結末を、最終的に引き受けるのは誰なのか？」**。これを考えればいいのだと。間違っていませんね？

哲人　間違っていません。

青年　あのとき先生が挙げた事例は、子どもにとっての勉強でした。子どもが勉強をしない。将来を案ずる親は、勉強しなさいと叱りつける。しかし、ここで「勉強をしないこと」がもたらす結末——要するに希望の学校に進めないとか、就職がむずかしくなるとか——を最終的に引き受けるのは誰か？　とりもなおさず、それは子ども自身であって、間違っても親ではない。すなわち勉強は「子どもの課題」であり、親が介入すべき問題ではない。これも大丈夫ですね？

哲人　ええ。

青年　さて、ここに大きな疑問が浮かんでくるわけです。勉強は子どもの課題である。子どもの課題に介入してはならない。仮にそうだとした場合、「教育」とはなんなのです？　われわれ教育者とは、どういう職業なのです？　だってそうでしょう。先生の理屈に従えば、勉強を押しつけるわれわれ教育者は、子どもの課題に土足で踏み込む、不法侵入者の集まりですよ！　ははっ、どうです、答えられますか？

哲人　なるほど。教育者たちとアドラーについて語り合うとき、ときおり出てくる質問です。たしかに勉強は子どもの課題である。そこに介入することは、親といえども許されない。アドラーの語る「課題の分離」を一面的にとらえると、あらゆる教育は他者の課題への介入になり、否定されるべき行為になってしまいます。しかしアドラーの時代、彼ほど教育に力を入れた心理学者はいませんでした。**アドラーにとっての教育は、中心課題のひとつであるばかりか、最大の希望だった**のです。

青年 ほう、具体的には？

哲人 たとえばアドラー心理学では、カウンセリングのことを「治療」とは考えず、**「再教育」の場**だと考えます。

青年 再教育？

哲人 ええ。カウンセリングも子どもの教育も、本質的には同じです。カウンセラーとは教育者であり、教育者とはカウンセラーである。そう考えてもらってもかまいません。

青年 ははっ、それは知りませんでした。まさかわたしがカウンセラーだったなんてね！　いったい、どういう意味です？

哲人 大切なところです。整理しながらお話ししましょう。まず、家庭や学校での教育は、なにを目標になされるものなのか。あなたのご意見はいかがですか？

青年 ……ひと言では語れませんよ。学問を通じて知識を修《おさ》めること、社会性を身につけること、正義を重んじ、心身ともに健康な人間として成長していくこと……。

哲人 ええ。いずれも大切なことではありますが、もっと大きなところで考えましょう。教育をほどすことによって、子どもたちにどうなってほしいのでしょうか?

青年　……一人前の大人になってほしい、ですか?

哲人　そう。教育が目標とするところ、ひと言でいうとそれは**「自立」**です。

青年　自立……まあ、そうとも言えるでしょう。

哲人　アドラー心理学では、人はみな、無力な状態から脱し、より向上していきたいという欲求、つまり**「優越性の追求」**を抱えて生きる存在だと考えます。よちよち歩きの赤ちゃんが、二本足で立つようになり、言葉を覚え、周囲の人々と意思の疎通を図れるようになっていく。つまり、人はみな「自由」を求め、無力で不自由な状態からの「自立」を求めている。これは根源的な欲求です。

青年　その自立を促《うなが》すのが、教育だと?

哲人　はい。そして身体的な成長のみならず、子どもたちが社会的に「自立」するにあたっては、さまざまなことを知っていかなければなりません。あなたの言う、社会性や正義、それから知識などもそうでしょう。無論、知らないことについては、それを知る他者が教えなければならない。周囲にいる人間が援助していかなければならない。**教育とは「介入」ではなく、自立に向けた「援助」**なのです。

青年　はっ、なんだか苦し紛《まぎ》れの言い換えに聞こえますがね!

哲人　たとえば、交通ルールを知らないまま、赤信号と青信号の意味を知らないまま、社会に放り出されたらどうなるか。あるいは自動車の運転技術を知らないまま、運転席に座らせることができるか。当然、そこには覚えるべきルールがあり、身につけるべき技術があるでしょう。これは命に関わる問題であり、しかも他者の命をも危険にさらすかもしれない問題です。逆に言うと、もしも地球上にひとりも他者がおらず、自分ひとりで生きているのだとすれば、知るべきことはなく、教育も必要ありません。そこに「知」はいらないのです。

青年　他者がいて、社会があるから、学ぶべき「知」があると？

哲人　そのとおりです。ここでの「知」とは、学問だけでなく、**人間が人間として幸福に生きるための「知」**も含みます。すなわち、共同体のなかでどのように生きるべきなのか。他者とどのように関わればいいのか。どうすればその共同体に自分の居場所を見出《みいだ》すことができるのか。「わたし」を知り、「あなた」を知ること。人間の本性を知り、人間としての在《あ》り方を理解すること。アドラーはこうした知のことを**「人間知《にんげんち》」**と呼びました。

青年　人間知？　はじめて聞く言葉ですね。

哲人　そうだったかもしれません。この人間知は、書物によって得られる知識ではなく、他者と交わる対人関係の実践から学んでいくしかないものです。その意味において大勢の他者に囲まれる学校は、家庭以上に大きな意味を持つ教育の場だといえます。

青年　教育の鍵は、その「人間知」とやらにかかっている、と？

哲人　ええ。カウンセリングも同じです。カウンセラーは、相談者の「自立」に向けて援助する。そして自立のために必要な「人間知」を、共に考えるのです。……そうですね、あなたは前回お話しした、アドラー心理学の掲げる目標を覚えていますか？　行動面の目標と、心理面の目標は。

青年　ええ、覚えていますとも。行動面の目標は次のふたつ。

①自立すること
②社会と調和して暮らせること

そしてこの行動を支える心理面の目標が、次のふたつでした。

①わたしには能力がある、という意識
②人々はわたしの仲間である、という意識

要するに、**カウンセリングだけでなく、教育現場においても、この4つが大切になる**とおっしゃるのですね？

哲人　さらには、漠然とした生きづらさを感じる、われわれ大人にとっても。これらの目標に到達できず、社会生活に苦しんでいる大人は大勢いますからね。

もしも「自立」という目標を置き去りにしてしまったら、教育やカウンセリング、あるいは仕事の指導も、すぐさま強要へと変貌《へんぼう》します。

われわれは自らの役割に自覚的であらねばなりません。教育が強制的な「介入」に転落するのか、自立を促す「援助」に踏みとどまるのか。それは教育する側、カウンセリングする側、指導する側の姿勢にかかっているのです。

青年　たしかにそうでしょう。わかります、同意しますよ、その高邁《こうまい》な理想には。しかしながら先生、もう同じ手は通用しないのです！　先生と話していると、最後はいつも抽象的な理想論になっていく。気持ちのよい、大きな言葉を聞かされ、「わかったつもり」になっていく。

しかし、問題は抽象ではなく具体です。空論ではなく、地に足のついた実論をお聞かせいただきましょう。具体的に、教育者はどのような一歩を踏み出せばいいのですか？　あなたはずっとそこをごまかしたままじゃありませんか、いちばん大事な具体の一歩を。遠いのですよ、先生の話は。いつも遠くの風景ばかりを語って、足元のぬかるみを見ようとしていない！

3年前の青年は、哲人の口から語られるアドラーの思想に驚き、疑い、感情的に反発するのが精いっぱいだった。しかし今回は違う。もはやアドラー心理学の骨格は十分に理解し、現実社会での経験も積んでいる。この、実地での経験という意味においては、むしろ自分のほうがより多くのことを学んできたとさえ言える。今回、青年のプランは明確だった。抽象ではなく、具体の話を。理論ではなく、実践の話を。そして理想ではなく、現実の話を。わたしが知りたいのはそれであり、アドラーの弱点もそこにあるのだ。

尊敬とは「ありのままにその人を見る」こと

哲人　具体的にどこからはじめればいいのか。教育、指導、援助が「自立」という目標を掲げるとき、その入口はどこにあるのか。たしかに悩むところでしょう。しかし、ここには明確な指針があります。

青年　聞きましょう。

哲人　答えはひとつ、**「尊敬」**です。

青年　尊敬？

哲人　ええ。教育の入口は、それ以外にありえません。

青年　それはまた、意外な答えですね！　つまりあれですか、親を尊敬しろ、教師を尊敬しろ、上司を尊敬しろ、というわけですか？

哲人　違います。たとえば学級の場合、**まずは「あなた」が子どもたちに対して尊敬の念を持つ**。すべてはそこからはじまります。

青年　わたしが？　5分と黙って人の話を聞くことのできないあの子たちを？

哲人　ええ。これは親子であれ、あるいは会社組織のなかであれ、どのような対人関係でも同じです。まずは親が子どもを尊敬し、上司が部下を尊敬する。**役割として「教える側」に立っている人間が、「教えられる側」に立つ人間のことを敬《うやま》う**。尊敬なきところに良好な対人関係は生まれず、良好な関係なくして言葉を届けることはできません。

青年　どんな問題児でも尊敬しろと？

哲人　ええ。根源にあるのは**「人間への尊敬」**なのですから。特定の他者を尊敬するのではなく、家族や友人、通りすがりの見知らぬ人々、さらには生涯会うことのない異国の人々まで、ありとあらゆる他者を尊敬するのです。

青年　ああ、またしても道徳のお説教だ！　そうじゃなければ宗教だ。いい機会です、言っておきましょう。たしかに学校教育のなかでも、道徳はカリキュラムに含まれ、それなりの地位を占めていますよ。その価値を信じる人間が多いことは認めましょう。

でも、考えてもごらんなさい。なぜ、わざわざ子どもたちに道徳を言って聞かせる必要があるのか？　それは元来、子どもたちが不道徳な存在であり、ひいては人間が不道徳な存在だからなのです！　ちぇっ、なにが「人間への尊敬」だ！　いいですか、わたしも、そして先生も、魂の奥底に漂っているのはおぞましい不道徳の腐臭《ふしゅう》なのです！

不道徳なる人間に、道徳的であれと説く。わたしに道徳を求める。これはまさに介入であり、強要に他なりません。あなたのおっしゃることは矛盾だらけだ！　くり返しますがね、先生の理想論じゃ現場はなにひとつ動かない。しかも、あの問題児たちをどうやって尊敬しろと!!

哲人　では、わたしもくり返しましょう。わたしは道徳を説いているのではありません。続いてもう一点、あなたのような方にこそ、尊敬を知り、実践していただかなければならない。

青年　まっぴら御免《ごめん》ですね！　わたしは宗教じみた空論を聞きたいのではない。明日にでも実践可能な、具体の話を聞いているのです！

哲人　尊敬とはなにか？　こんな言葉を紹介しましょう。**「尊敬とは、人間の姿をありのままに見て、その人が唯一無二の存在であることを知る能力のことである」**。アドラーと同じ時代に、ナチスの迫害を逃れてドイツからアメリカに渡った社会心理学者、エーリッヒ・フロムの言葉です。

青年　「その人が唯一無二の存在であることを知る能力」？

哲人　ええ。この世界にたったひとりしかいない、かけがえのない「その人」を、ありのままに見るのです。さらにフロムは、こう付け加えます。**「尊敬とは、その人が、その人らしく成長発展していけるよう、気づかうことである」**と。

青年　どういう意味です？

哲人　目の前の他者を、変えようとも操作しようともしない。なにかの条件をつけるのではなく、「ありのままのその人」を認める。これに勝《まさ》る尊敬はありません。そしてもし、誰かから「ありのままの自分」を認められたなら、その人は大きな勇気を得るでしょう。**尊敬とは、いわば「勇気づけ」の原点でもある**のです。

青年　違う！　そんなもの、わたしの知っている尊敬ではない。尊敬ってのはね、自分もそうありたいと請《こ》い願うような、あこがれにも似た感情のことを指すのですよ！

哲人　いいえ。それは尊敬ではなく、恐怖であり、従属であり、信仰です。相手のことをなにも見ておらず、権力や権威に怯え、虚像を崇《あが》めているだけの姿です。

尊敬（respect）の語源となるラテン語の「respicio」には、「見る」という意味があります。まずは、ありのままのその人を見るのです。あなたはまだ、なにも見ていないし、見ようとしていない。自分の価値観を押しつけようとせず、その人が「その人であること」に価値を置く。さらには、その成長や発展を援助する。それこそが尊敬というものです。他者を操作しようとする態度、矯正《きょうせい》しようとする態度には、いっさいの尊敬がありません。

青年　……ありのままを認めれば、あの問題児たちが変わりますか？

哲人　それはあなたにコントロールできることではありません。変わるのかもしれないし、変わらないのかもしれない。しかし、あなたの尊敬によって、生徒たち一人ひとりが「自分が自分であること」を受け入れ、自立に向けた勇気を取り戻すことになる。これは間違いないでしょう。取り戻した勇気を使うか使わないかは、生徒たち次第です。

青年　そこは「課題の分離」だと？

哲人　ええ。**水辺まで連れていくことはできても、水を呑《の》ませることはできません。**あなたがどんなに優れた教育者であろうと、彼らが変化する保証はどこにもない。しかし、保証がないからこそ、無条件の尊敬なのです。まず「あなた」がはじめなければならない。いっさいの条件をつけることなく、どんな結果が待っていようとも、**最初の一歩を踏み出すのは「あなた」**です。

青年　しかし、それではなにも変わらない！

哲人　この世界には、いかなる権力者であろうと強要しえないものが、ふたつだけあります。

青年　なんです？

哲人　「尊敬」と「愛」です。たとえば、会社組織のトップに立つ人間が強権的な独裁者だったとしましょう。たしかに従業員たちは、なんでも命令に従います。従順な素振《そぶ》りを見せるでしょう。しかし、それは恐怖に基づく服従であり、そこに「尊敬」はひと欠片《かけら》もありません。「俺を尊敬しろ」と叫んでも、誰も従いません。ますます心が離れていくだけです。

青年　まあ、それはそうでしょう。

哲人　しかも、互いのあいだに尊敬が存在しないのなら、そこには人間としての「関係」も存在しないでしょう。そのような組織は、たんなるネジやバネ、歯車のように「機能」としての人間が集まっているに過ぎない。機械のような「作業」はこなせても、人間としての「仕事」は、誰にもできないのです。

青年　ええい、回りくどい話は抜きだ！　要するに先生は、わたしが生徒たちから尊敬されていない、だから教室が荒れたのだとおっしゃるのですね!?

哲人　ひとときの恐怖はあっても、尊敬はないのでしょう。学級が荒れていくのも当然です。荒れる学級に手をこまねいたあなたは、強権的な手段に出てしまう。力によって、恐怖によって、有無を言わさず従わせようとする。たしかに、一時的な効果は期待できるかもしれません。耳を傾けてくれるようになったと、安堵《あんど》するかもしれません。しかし……。

青年　……こっちの話など、聞いちゃいない。

哲人　ええ。子どもたちは「あなた」ではなく、「権力」に服従しているだけです。「あなた」のことを理解しようとは、微塵《みじん》も思っていません。耳を塞《ふさ》いで目をつぶり、怒りの嵐が過ぎ去るのを待っているだけです。

青年　ふっふっふ、おっしゃるとおりですよ。

哲人　この悪循環におちいるのも、まずは自分が生徒たちを尊敬する、無条件に尊敬する、という最初の一歩を踏み損ねたからなのです。

青年　踏み損ねたわたしは、なにをやっても通じるはずがなかった、ということですね？

哲人　ええ。誰もいない空間で大声を上げていたのです。聞こえるはずもありません。

青年　いいでしょう！　まだまだ反論すべきことは山ほどありますがね、一応受け入れておきましょう。それで、仮に先生の話が正しかったとした場合、つまり、尊敬を糸口に関係を築いていくとして、いったいどうやって尊敬を示すのです？　まさか、さわやかな笑顔で「きみのことを尊敬しているよ」と伝えろとでも？

哲人　尊敬とは、言葉でなされるものではありません。しかも、そうやってすり寄ってくる大人に対して、子どもたちは敏感に「嘘」や「打算」を察知します。「この人は嘘をついている」と思った瞬間、そこに尊敬は生まれなくなります。

青年　ええ、ええ。それもおっしゃるとおりですよ。でも、どうしろというのです？　そもそもね、先生はいま「尊敬」について、大きな矛盾をはらんだ話をしているのですよ。

哲人　ほう。どんな矛盾でしょう？

尊敬からはじめよ、と哲人は言う。教育だけではない、あらゆる対人関係の土台は尊敬によって築かれるのだと。たしかに人は、尊敬できない相手の言葉には耳を貸さない。哲人の主張にも理解できる部分はある。しかし、すべての他者に尊敬を寄せよ、学級の問題児も、世間にはびこる悪党どもも、すべて尊敬の対象なのだ、という主張には断固反対だ。しかも、この男は自ら墓穴を掘った。看過《かんか》できない矛盾を口にした。やはり、わたしがなすべき仕事はこれなのだ。この岩窟《がんくつ》のソクラテスを、葬《ほうむ》り去ることなのだ。青年はゆっくりと唇を舐《な》めると、一気にまくし立てた。

「他者の関心事」に関心を寄せよ

青年　お気づきですか？　先ほど先生は、こう言いました。「尊敬は、ぜったいに強要することができない」。なるほど、それはそうでしょう。わたしも大いに同意します。ところが、その舌の根も乾かぬうちに「生徒たちを尊敬しろ」とおっしゃる。ははっ、おかしいじゃありませんか！　強要できないはずのことを、ご自身がわたしに強要されている！　これを矛盾と呼ばずして、なにを矛盾というのです!?

哲人　たしかに、その言葉だけを拾い上げると、矛盾して聞こえるでしょう。しかし、こう理解してください。尊敬のボールは、自らがそれを投げた人にだけ、返ってくるものだと。ちょうど、壁に向かってボールを投げるようなものです。あなたが投げれば、返ってくることもある。しかし、壁に向かって「ボールをよこせ」と叫んでも、なにも起こらない。

青年　いいや、適当な比喩《ひゆ》でごまかそうったって、そうはいきません。ちゃんと答えてください。

ボールを投げる「わたし」の尊敬は、どこから生まれるのです? なにもないところからボールは生まれないのですよ!

哲人 わかりました。これはアドラー心理学を理解し、実践する際の重要なポイントです。あなたは**「共同体感覚」**という言葉を覚えていますか?

青年 もちろんです。まあ、まだ完全な理解に至っているわけではありませんがね。

哲人 ええ、なかなか理解のむずかしい概念です。また時間をかけながら考えていきましょう。さしあたって、ここで思い出していただきたいのは、アドラーがドイツ語の「共同体感覚」を英語に翻訳する際に「social interest」という語を採用したことです。これは「社会への関心」、もっと噛《か》み砕いていえば、**社会を形成する「他者」への関心**、という意味になります。

青年 ドイツ語とは違うのですね?

哲人 はい。ドイツ語では共同体を意味する「Gemeinschaft」と、感覚を意味する「Gefühl」を組み合わせた「Gemeinschaftsgefühl」、まさしく「共同体感覚」という語を採用しています。もしもドイツ語に忠実な英訳をするなら、さしずめ「community feeling」や「community sense」といった語になっていたかもしれません。

青年 まあ、そういう学術的な話を聞きたいわけではないのですが、それがなにか?

哲人 考えてみてください。いったいなぜ、アドラーは「共同体感覚」を英語圏に紹介するとき、ドイツ語に忠実な「community feeling」ではなく、「social interest」の語を選んだのか？　ここには大きな理由が隠されています。

ウィーン時代のアドラーが最初に「共同体感覚」の概念を唱えたとき、多くの仲間が彼のもとを去っていったという話はしましたね？　そんなものは科学ではない、アドラーは科学であるはずの心理学に「価値」の問題を持ち込んだ、と反発され、仲間を失った話は。

青年　ええ、聞きました。

哲人　この経験を通じて、アドラーも「共同体感覚」を理解してもらうことのむずかしさは、十分理解していたはずです。そこで英語圏に紹介するにあたって、彼は「共同体感覚」という概念を、より実践に即した行動指針に置き換えた。抽象を具体に置き換えた。その具体的な行動指針こそが、「他者への関心」という言葉だったのです。

青年　行動指針？

哲人　ええ。自己への執着から逃れ、他者に関心を寄せること。その指針に従って進んでいけば、おのずと「共同体感覚」に到達すると。

青年　ああ、なにもわかっちゃいないな！　その議論がすでに抽象的なのですよ！　他者に関心を寄せるという、行動指針そのものが。具体的に、なにをどうすればいいというのです!?

哲人　ではここで、もう一度フロムの言葉を思い出してください。「尊敬とは、その人が、その人らしく成長発展していけるよう、気づかうことである」。……なにひとつ否定せず、なにひとつ強要せず、ありのままの「その人らしさ」を受け入れ、尊重する。つまり、相手の尊厳を守りつつ、関心を寄せていく。その具体的な第一歩がどこにあるか、おわかりになりますか？

青年　なんです？

哲人　これはきわめて論理的な帰結です。**「他者の関心事」に関心を寄せる**のです。

青年　他者の関心事!?

哲人　たとえば子どもたちが、あなたには到底理解しかねる遊びに興《きょう》じている。いかにも子ども向けの、愚昧《ぐまい》な玩具に夢中になっている。ときには公序良俗に反するような書物を読み、ゲームに耽溺《たんでき》している。……思い当たる事例はありますね？

青年　ええ。ほとんど毎日、そのような光景を目にします。

哲人　多くの親や教育者たちは、これに眉《まゆ》をひそめ、もっと「役に立つもの」や「価値のあるもの」を与えようとします。その行為を諫《いさ》め、書物や玩具を没収し、自分たちがそこに価値を認めたものだけを与えるわけです。

　無論、親たちは「子どものためを思って」そうしているのでしょう。しかしこれは、いっさいの「尊敬」を欠いた、子どもとの距離を遠ざけるだけの行為だと考えねばなりません。子どもたちの自然な関心を否定しているのですから。

青年　じゃあ、低俗な遊びを推奨しろと？

哲人　こちらからなにかを推奨するのではありません。ただ「子どもたちの関心事」に関心を寄せるのです。あなたの目から見て、どんなに低俗な遊びであろうと、まずはそれがどんなものなのか理解しようとする。自分もやってみて、場合によっては共に遊ぶ。「遊んであげる」のではなく、自分自身がそれを楽しむ。そのときはじめて、子どもたちは自分たちが認められていること、子ども扱いされていないこと、ひとりの人間として「尊敬」されていることを実感するでしょう。

青年　しかし、それは……。

哲人　子どもだけではありません。これは**あらゆる対人関係で求められる、尊敬の具体的な第一歩**です。会社での対人関係でも、恋人との関係でも、あるいは国際関係においても、われわれはもっと「他者の関心事」に関心を寄せる必要があります。

青年　ありえません！　先生はご存じないでしょうがね、あの子たちの関心事は、あまりにも下劣《げれつ》なものを含んでいる！　卑猥《ひわい》な、グロテスクな、醜悪《しゅうあく》なものを含んでいる！　そこで正しい道を示してあげるのが、われわれ大人の役割ではありませんか！

哲人　違います。共同体感覚についてアドラーは、好んでこのような表現を使いました。われわれに必要なのは、**「他者の目で見て、他者の耳で聞き、他者の心で感じること」**だと。

青年　なんですって？

哲人　あなたはいま、自分の目で見て、自分の耳で聞き、自分の心で感じようとしている。だから子どもたちの関心事について「下劣」だの「醜悪」だのという言葉が出てくる。子どもたちは、それを下劣だとは思っていません。では、彼らはなにを見ているのか？　まずはそこを理解することからはじめるのです。

青年　いいや、無理だ！　できません、そんなことは！

哲人　なぜです？

もしも「同じ種類の心と人生」を持っていたら

青年　先生はもうお忘れになったかもしれませんがね、わたしはよおく覚えていますよ。3年前、いちばんはじめにあなたは、こんなふうに断言された。**われわれは誰しも、客観的な世界に住んでいるのではなく、自らが意味づけした主観的な世界に住んでいる。**われわれが問題としなければばならないのは、**「世界がどうであるか」**ではなく、**「世界をどう見ているか」**なのだ。われわれは主観から逃れることはできないのだ、と。

哲人　ええ、そのとおりです。

青年　じゃあ聞きます。主観から逃れられないわれわれが、どうやって「他者の目」や「他者の耳」を持ち、ひいては「他者の心」まで持てるというのです⁉　言葉遊びはいい加減にしていただきたい！

哲人　大切なところです。たしかに、わたしたちは主観から逃れることはできません。そして当然、他者になることもできない。でも、他者の目に映るものを想像し、耳に聞こえる音を想像することはできます。

　アドラーは、こんなふうに提案しています。**まずは、「もしもわたしがこの人と同じ種類の心と人生を持っていたら？」と考える。**そうすれば、「きっと自分も、この人と同じような課題に直面するだろう」と理解できるはずだ。さらにそこから、「きっと自分も、この人と同じようなやり方で対応するだろう」と想像することができるはずだ、と。

青年　同じ種類の心と人生……？

哲人　たとえば、まったく勉強しようとしない生徒がいる。ここで「なぜ勉強しないんだ」と問いただすのは、いっさいの尊敬を欠いた態度です。そうではなく、まずは「もしも自分が彼と同じ心を持ち、同じ人生を持っていたら？」と考える。つまり、自分が彼と同じ年齢で、彼と同じ家庭に暮らし、彼と同じ仲間に囲まれ、彼と同じ興味や関心を持っていたらと考える。そうすれば「その自分」が、勉強という課題を前にどのような態度をとるか、なぜ勉強を拒絶するのか想像できるはずです。……このような態度を、なんと呼ぶかわかりますか？

青年 ……想像力、ですか？

哲人 いいえ。これこそが**「共感」**なのです。

青年 共感!? ……その、同じ種類の心、同じ種類の人生を持っていたらと考えることが？

哲人 はい。世間一般で考えられている共感、つまり相手の意見に「わたしも同じ気持ちだ」と同意することは、たんなる同調であって、共感ではありません。**共感とは、他者に寄り添うときの技術であり、態度**なのです。

青年 技術！　共感は、技術なのですか？

哲人 ええ。そして**技術である限り、あなたにも身につけることができます。**

青年 ほほう、おもしろいじゃありませんか。じゃあ、技術として説明していただきましょう。いったいどうやって相手の「心と人生」とやらを知るのです？　ひとりずつカウンセリングしろとでも？　はっ、そんなもの、わかるわけがないでしょう！

哲人 だからこそ、「他者の関心事」に関心を寄せるのです。距離をおいて眺めているだけではいけない。自らが飛び込まなければならない。飛び込むことをしないあなたは、高いところに立って「それは無理だ」「これだけの壁がある」と批評しているだけです。そこに尊敬はなく、共感もありえません。

青年　違う！　まったく違います！

哲人　なにが違うのです？

勇気は伝染し、尊敬も伝染する

青年　そりゃあね、生徒たちと一緒になってボールのひとつでも追いかけ回していれば、慕《した》ってくれることもあるでしょう。好感を持たれ、身近な存在に感じてくれるのかもしれません。でも、あの子たちの「友達」に成り下がれば、教育はより困難になる！

残念ながら、子どもたちは天使じゃありません。こちらが少しでも甘い顔を見せれば、ここぞとばかりに増長し、手がつけられなくなる小さな悪魔です。あなたは空想のなかの、この世に存在しない天使たちとたわむれているのです！

哲人　わたしも、ふたりの子どもを育てました。また、この書斎にはカウンセリングのため、学校教育に馴染《なじ》めなかった若い方が、たくさん訪ねてこられます。おっしゃるように、子どもは天使ではありません。ひとりの人間です。

しかしひとりの人間であるからこそ、最大級の尊敬を払わなければならない。見下すのではなく、仰《あお》ぎ見るのでもなく、媚《こ》びを売るのでもなく、**対等な存在として接する**のです。彼らの興味関心に共感を寄せながら。

青年　いいや、その尊敬を払う理由が気に食いませんよ。要は尊敬することで自尊心をくすぐってやれ、ということでしょう？　それこそ子どもたちを馬鹿にした発想だ！

哲人　あなたはまだ、わたしの話を半分しか理解しておられないのでしょう。わたしはあなたに一方通行の「尊敬」を求めているのではありません。むしろ、**生徒たちに「尊敬」を教えてほしい**のです。

青年　尊敬を教える？

哲人　そう。あなたが身をもって実践することによって、尊敬するとはどういうことかを示す。尊敬という対人関係の土台を築く方法を示し、尊敬に基づく関係のあり方を知ってもらうのです。

アドラーは言います。**「臆病《おくびょう》は伝染する。そして勇気も伝染する」**と。当然「尊敬」もまた、伝染していくでしょう。

青年　伝染する⁉　勇気も尊敬も？

哲人　ええ。はじめるのはあなたです。理解者がいなくとも、賛同者がいなくとも、まずはあなたが松明《たいまつ》に火を灯し、勇気を、尊敬を、示さなければなりません。その松明で明るくなるのは、せいぜい半径数メートルでしょう。誰もいない、ひとりきりの夜道に思えるでしょう。しかし、あなたの掲げた火は、何百メートルも離れた誰かの目にも届きます。あそこに人がいる、あそこに明かりがある、あそこに行けば道がある、と。やがてあなたのまわりには、何十何百という明かりが集います。その明かりに照らされるのは、何十何百という仲間たちなのです。

青年　……ちぇっ、いったいなんの寓話《ぐうわ》だ！　つまり、あれですか。われわれ教育者に課せられた役割は、子どもたちを尊敬し、尊敬とはなにかを示し、尊敬を学んでもらうことだとおっしゃるのですね？

哲人　はい。教育に限らず、**あらゆる対人関係の第一歩**はそこになります。

青年　いやいや、いったい何人のお子さんを育て、どれだけの人々にカウンセリングをしてきたのか知りませんがね、やはり先生は閉じられた書斎にこもる哲学者だ。現代の、そして現実の社会と学校をなにもご存じない！

いいですか、学校教育に求められているのは、そして資本主義社会で求められているのは、人格だの、茫漠《ぼうばく》とした「人間知」だのといった話ではないのです。保護者は、そして社会は、目に見える数字を求めている。教育現場でいうなら、学力の向上をね！

哲人　ええ、それはそうでしょう。

青年　どれだけ生徒から慕われようと、学力を伸ばせない教育者は、教員失格の烙印《らくいん》を押されます。そんなもの、お友達集団の赤字企業と一緒だ！　そして、生徒たちの首根っこを押さえつけてでも学力向上に貢献した教育者は、拍手喝采《はくしゅかっさい》を浴びるわけです。

しかも、問題はこの先にあります。徹底的に叱られ続けた生徒たちでさえ、のちに「あのとき厳しく指導してくださって、どうもありがとうございました」と感謝するのですよ！　厳しくされたからこそ勉強を続けられた、あれは愛の鞭《むち》だったのだと、本人が認めているし、あまつさえ感謝までするのですよ！　この現実を、あなたはどう説明するのですか!?

哲人　当然、ありえる話だと思います。むしろアドラー心理学の理論を再学習するための、ちょうどよいモデルケースと言えるでしょう。

青年　ほほう、説明可能だとおっしゃるのですね？

哲人　3年前にお話しした議論を踏まえつつ、アドラー心理学のもう少し深いところまで降りていきましょう。きっと多くの気づきがあるはずです。

アドラー心理学の鍵《かぎ》概念であり、その理解においてもっとも困難を極める「共同体感覚」。哲人はそれについて「他者の目で見て、他者の耳で聞き、他者の心で感じること」だと言う。そして、そこには共感という技術が必要になり、共感の第一歩は「他者の関心事」に関心を寄せることだと言う。理屈としては、理解できる。しかし、子どものよき理解者になることが、教育者の仕事なのか？　結局それは哲学者の言葉遊びではないのか？　「再学習」なる言葉を持ち出した哲人を、青年は鋭く睨《にら》んだ。

「変われない」ほんとうの理由

青年　聞きましょう。アドラーの、なにを再学習するのです？

哲人　自分の言動、そして他者の言動を見定めるときには、**そこに隠された「目的」を考える。**

アドラー心理学の基本となる考え方です。

青年　わかりますよ、**「目的論」**ですね。

哲人　簡単に説明してもらうことはできますか？

青年　やってみましょう。過去にどんな出来事があったとしても、それでなにかが決定されるわけではない。過去のトラウマも、あろうとなかろうと関係ない。**人間は、過去の「原因」に突き動かされる存在ではなく、現在の「目的」に沿って生きている**のだから。たとえば、「家庭環境が悪かったから、暗い性格になった」と語る人。これは**人生の嘘**である。ほんとうは「他者と関わることで、傷つきたくない」という目的が先にあり、その目的をかなえるために、誰とも関わらない「暗い性格」を選択する。そして自分がこんな性格を選んだ言い訳として、「過去の家庭環境」を持ち出している。……そういうことですよね？

哲人　ええ。続けてください。

青年　つまり、**われわれは過去の出来事によって決定される存在ではなく、その出来事に対して「どのような意味を与えるか」によって、自らの生を決定している。**

哲人　そのとおりです。

青年　そしてあのとき、先生はこんなふうにおっしゃいました。これまでの人生にどんなことがあったとしても、これからの人生をどう生きるかについて、なんら関係がない。**自分の人生を決**

定するのは、「いま、ここ」を生きるあなたなのだ、と。……この理解で間違いありませんか？

哲人　ありがとう。間違いありません。われわれは、過去のトラウマに翻弄《ほんろう》されるほど脆弱《ぜいじゃく》な存在ではない。アドラーの思想は**「人間は、いつでも自己を決定できる存在である」**という、人間の尊厳と、人間が持つ可能性への強い信頼に基づいています。

青年　ええ、わかります。ただ、わたしはまだ「原因」の強さも捨てきれないでいます。すべてを「目的」だけで語るのはむずかしい。たとえば「他者と関わりたくない」という目的があったとしても、その目的が生まれた「原因」だって、どこかにあるはずですから。わたしにとっての目的論は、画期的な視点ではあっても、万能の真理ではありません。

哲人　それもいいでしょう。今夜の対話を通じて、なにかが変わるのかもしれないし、変わらないのかもしれない。決めるのはあなたですから、わたしは強要しません。では、考え方のひとつとして聞いてください。

われわれは、いつでも自己を決定できる存在である。あたらしい自分を選択できる存在である。にもかかわらず、なかなか自分を変えられない。変えたいと強く願いながらも、変えられない。いったいなぜなのか。……あなたのご意見はいかがですか？

青年　**ほんとうは変わりたくない**から？

哲人　そういうことです。これは「変化とはなにか？」という問いにもつながっています。あえて過激な表現を用いるなら、**変化することとは、「死そのもの」なのです。**

青年　死そのもの？

哲人　たとえばいま、あなたが人生に思い悩んでいるとしましょう。自分を変えたがっているとしましょう。しかし、自分を変えるとは、「それまでの自分」に見切りをつけ、「それまでの自分」を否定し、「それまでの自分」が二度と顔を出さないよう、いわば墓石《はかいし》の下に葬り去ることを意味します。そこまでやってようやく、「あたらしい自分」として生まれ変わるのですから。

では、いくら現状に不満があるとはいえ、「死」を選ぶことができるのか。底の見えない闇に身を投げることができるのか。……これは、そう簡単な話ではありません。

だから人は変わろうとしないし、どんなに苦しくとも「このままでいいんだ」と思いたい。そして現状を肯定するための、「このままでいい」材料を探しながら生きることになるのです。

青年　ううむ。

哲人　それでは、「いまの自分」を積極的に肯定しようとするとき、その人の過去はどのようなトーンで彩《いろど》られると思いますか？

青年　ああ、つまり……。

哲人　答えはひとつ。すなわち、自分の過去について「いろいろあったけど、これでよかったのだ」と総括《そうかつ》するようになる。

青年　……**「いま」を肯定するために、不幸だった「過去」をも肯定する。**

哲人　ええ。先ほどあなたの言った「あのとき厳しく叱ってくださって、どうもありがとうございました」と感謝の言葉を述べる人。彼らは「いまの自分」を積極的に肯定しようとしているのです。結果、過去のすべてがよい思い出になる。そこで語られた感謝の言葉だけをもって、強権的な教育を認めるわけにはいきません。

青年　「これでよかったのだ」と思いたいから、過去がよい思い出になる。……いや、おもしろい。机上の心理学としては、非常におもしろい考察ですよ。しかし、その解釈には同意できません。なぜかって？　わたしが証拠です。わたしは、いまのお話にまったく当てはまりませんからね！　中学や高校時代の厳しく理不尽な教師連中にはいまだに不満を持っているし、間違っても感謝などしていません。あの監獄のような学校生活がよい思い出になるなど、ありえるはずがない！

哲人　それはあなたが、**「いまの自分」に満足していないから**でしょう。

青年　なんですって!?

哲人　もっと酷《こく》な洞察をするなら、理想には程遠い「いまの自分」を正当化するために、自身の過去を灰色に塗りつぶしておられる。「あの学校のせいで」とか「あんな教師がいたから」と考えようとしている。そして「もしも理想的な学校で、理想的な教師に出会っていたら、自分だってこんなふうじゃなかったのに」と、**可能性のなかに生きようとしている。**

青年　し、失礼が過ぎますよ！　なにを根拠にそんな邪推《じゃすい》を！

哲人　はたして邪推と言い切れるでしょうか？　問題は、過去になにがあったかではなく、その過去を「いまの自分」がどう意味づけするか、なのですから。

青年　撤回してください！　あなたにわたしのなにがわかる！

哲人　いいですか、**われわれの世界には、ほんとうの意味での「過去」など存在しません。**十人《じゅうにん》十色《といろ》の「いま」によって色を塗られた、それぞれの解釈があるだけです。

青年　……この世界に、過去など存在しない!?

哲人　ええ。過去とは、取り戻すことのできないものではなく、**純粋に「存在していない」**のです。そこまで踏み込まない限り、目的論の本質には迫れません。

青年　ええい、腹立たしい！　邪推の次は「過去など存在しない」だと!?　右から左に穴だらけの虚言《きょげん》を並べ立てて、それで煙《けむ》に巻いたつもりか!!　望むところだ、穴という穴を、ほじくり返してやる!!

あなたの「いま」が過去を決める

哲人 受け入れがたい議論であることは事実でしょう。でも、冷静に事実を積み上げていけば、きっと同意していただけるはずです。そこ以外に道はないのですから。

青年 思想の熱にやられて頭が焼き切れてしまったようですね！　もしも過去が存在しないのだとしたら、「歴史」とはなんなのです？　あなたの大好きなソクラテスやプラトンは、存在しなかったとでも？　そんなことを言っているから、非科学的だと嘲笑《ちょうしょう》されるのですよ！

哲人 歴史とは、時代の権力者によって改竄《かいざん》され続ける、巨大な物語です。歴史はつねに、時の権力者たちの「われこそは正義なり」という論理に基づき、巧妙に改竄されていきます。あらゆる年表と歴史書は、時の権力者の正統性を証明するために編纂《へんさん》された、偽書《ぎしょ》なのです。

歴史のなかでは、つねに「いま」がいちばん正しいのだし、ある権力が打倒されれば、またあらたな為政者《いせいしゃ》が過去を書き換えていくでしょう。ただただ、自身の正統性を説明するために。そこに言葉本来の意味での「過去」は存在しないのです。

青年　しかし……!!

哲人　たとえば、ある国で武装集団がクーデターを画策《かくさく》したとします。鎮圧され、クーデターが失敗に終わった場合、彼らは逆賊《ぎゃくぞく》として歴史に汚名を残すでしょう。一方、クーデターが成功し、政権が打倒された場合、彼らは圧政に立ち向かった英雄として歴史に名を残します。

青年　……歴史は常に勝者が書き換えていくものだから?

哲人　われわれ個人も同じです。**人間は誰もが「わたし」という物語の編纂者であり、その過去は「いまのわたし」の正統性を証明すべく、自由自在に書き換えられていくのです。**

青年　違う！　個人の場合は違います！　個人の過去、さらには記憶、これは脳科学の領域だ。引っ込んでろ!!　あなたのような時代遅れの哲学者が出る幕じゃない！

哲人　記憶については、こう考えてください。人は過去に起こった膨大《ぼうだい》な出来事のなかから、いまの「目的」に合致する出来事だけを選択し、意味づけをほどこし、自らの記憶としている。逆にいうと、**いまの「目的」に反する出来事は消去する**のです。

青年　なんですって!?

哲人　カウンセリングの事例をひとつ紹介しましょう。ある男性をカウンセリングしていたとき、その方が子ども時代の思い出として「犬に襲われて足を噛まれた」という話をしました。彼は、日ごろから母親に「野良犬に会ったらじっとしていなさい。逃げたら追いかけてくるから」と言われていたそうです。昔は往来《おうらい》にたくさんの野良犬がいましたからね。そしてある日、道ばたで野良犬に出会います。一緒にいた友だちは逃げたのですが、彼は母親の言いつけを守り、その場にじっとしていました。ところが野良犬に襲われ、足を嚙まれたのです。

青年 先生はその記憶が、捏造《ねつぞう》された嘘だと？

哲人 嘘ではありません。事実嚙まれたのでしょう。しかし、そのエピソードには続きがあるはずです。カウンセリングの回を重ねるなかで彼は、続きの物語を思い出しました。犬に嚙まれてうずくまっていたところ、自転車で通りがかった男性が彼を助け起こし、そのまま病院まで連れて行ってくれたと。

カウンセリングの初期、彼は「世界は危険なところであり、人々はわたしの敵である」というライフスタイル（世界観）を持っていました。その彼にとって、犬に嚙まれた記憶は、この世界が危険に満ちた場所であることを象徴する出来事だったのです。しかし、少しずつ「世界は安全なところであり、人々はわたしの仲間である」と考えるようになってきたとき、それを裏付けるようなエピソードが掘り起こされていきました。

青年 うぅむ。

哲人 自分は犬に嚙まれたのか。それとも他者に助けてもらったのか。アドラー心理学が**「使用**

の心理学」とされる所以《ゆえん》は、この「自らの生を選びうる」という点にあります。過去が「いま」を決めるのではありません。**あなたの「いま」が、過去を決めているの**です。

悪いあの人、かわいそうなわたし

青年　……われわれは自らの生を選び、自らの過去を選ぶ、と？

哲人　ええ。いかなる人間も、順風満帆《じゅんぷうまんぱん》な人生を歩むわけではないでしょう。誰にだって、悲しい出来事もあれば挫折もあり、歯嚙《はが》みするほど悔しい仕打ちにも遭《あ》っている。それでは、どうして過去に起きた悲劇を「教訓」や「思い出」として語る人もいれば、いまだその出来事に縛られ、不可侵《ふかしん》のトラウマとしている人がいるのか？

これは過去に縛られているのではありません。**その不幸に彩られた過去を、自らが必要としているのです**。あえて厳しい言い方をするなら、悲劇という安酒《やすざけ》に酔い、不遇《ふぐう》なる「いま」のつらさを忘れようとしているのです。

青年　いい加減にしろ、この鉄面皮《てつめんぴ》め！　なにが悲劇の安酒だ！　あなたの言っていることは、すべてが強者の論理、勝者の論理にすぎない！　あなたには虐《しいた》げられた人間の痛みがわからない。虐げられた人間を侮辱《ぶじょく》している！

哲人　それは違います。わたしは**人間の可能性を信じるからこそ、悲劇に酔うことを否定しているのです。**

青年　いいや、あなたがどんな人生を送ってきたのか聞くつもりもありませんがね、ようやく理解できた気がしますよ。要するにあなたは、大きな挫折もないまま、巨大な理不尽に遭遇することもないまま、雲をつかむような哲学の世界に足を踏み入れたのです。だから人々が負った心の傷を、そんなふうに切り捨てられるんだ。まったく、恵まれたご身分ですよ！

哲人　……なかなか受け入れていただけないようですね。では、これを試してみましょう。われわれがときおりカウンセリングで使用する、三角柱《さんかくちゅう》です。

青年　ほう、おもしろそうだ。なんです、これは？

哲人　この三角柱は、われわれの心を表しています。いま、あなたの座っている位置からは、三つある側面のうち二面だけが見えるはずです。それぞれの面になんと書かれていますか？

青年　一面には**「悪いあの人」**。もう一面には**「かわいそうなわたし」**と。

哲人　そう。カウンセリングにやってくる方々は、ほとんどがこのいずれかの話に終始します。自身に降りかかった不幸を涙ながらに訴える。あるいは、自分を責める他者、また自分を取り巻く社会への憎悪を語る。

カウンセリングだけではありません。家族や友人と語らうとき、相談事を持ちかけるとき、いま自分がなにを話しているのか自覚することは、なかなかむずかしいものです。しかし、こうやって視覚化すると、**けっきょくこのふたつしか語っていない**ことがよくわかります。きっとあなたも、心当たりはありますよね？

青年　……「悪いあの人」を非難するか、「かわいそうなわたし」をアピールする。まあ、そうとも言えるでしょうね……。

哲人　でも、われわれが語り合うべきことは、ここにはないのです。あなたがどんなに「悪いあの人」について同意を求め、「かわいそうなわたし」を訴えようと、そしてそれを聞いてくれる人がいようと、一時のなぐさめにはなりえても、本質の解決にはつながらない。

青年　じゃあ、どうするのです！

哲人　三角柱の、いま隠れているもう一面。ここにどんなことが書いてあると思われますか？

青年　ええい、もったいぶらずに見せてください！

哲人　わかりました。なんと書いてあるか、声に出して読んでみてください。

哲人が示した、三角柱に折られた紙。青年の位置から見えるのは、三面のうち二面だけだった。そこには「悪いあの人」という言葉、そして「かわいそうなわたし」という言葉が、それぞれ書かれている。哲人によると、思い悩んだ人間が訴えるのは、けっきょくこのいずれかなのだという。そして哲人は、その細い指でゆっくりと三角柱を回転させ、最後の一面に書かれた言葉を提示した。青年の心臓をえぐるような、その言葉を。

アドラー心理学に「魔法」はない

青年　……!!

哲人　さあ、声に出して。

青年　……**「これからどうするか」**。

哲人　そう、われわれが語り合うべきは、まさにこの一点、「これからどうするか」なのです。「悪いあの人」などいらない。「かわいそうなわたし」も必要ない。あなたがどんなに大きな声でそれを訴えても、わたしは聞き流すだけでしょう。

青年　こ、この人でなしめ！

哲人　冷淡さゆえに聞き流すのではありません。**そこに語り合うべきことが存在しないから、聞き流す**のです。たしかに「悪いあの人」の話を聞き、「かわいそうなわたし」の話を聞き、わたしが「それはつらかったね」とか「あなたはなにも悪くないよ」と同調すれば、ひとときの癒《い》やしは得られるでしょう。カウンセリングを受けてよかった、この人に相談してよかった、という満足感もあるかもしれません。

でも、それで明日からの毎日がどう変わるのか？　また傷ついたら癒やしを求めたくなるのではないか？　けっきょくそれは「依存」ではないのか？　……だからこそアドラー心理学では、「これからどうするか」を語り合うのです。

青年　しかし、もしもわたしの「これから」を真剣に考えるというのなら、まずは前提となる「これまで」を知っていただく必要があるでしょう！

哲人　いいえ。あなたはいま、わたしの目の前にいるのです。**「目の前にいるあなた」を知れば十分ですし、原理的にわたしは「過去のあなた」など知りようがありません。**くり返しますが、過去など存在しません。あなたが語る過去は、「いまのあなた」によって巧妙に編纂された物語に過ぎない。そこを理解してください。

青年　違う！　あなたはただ、適当な理屈をくっつけて、「泣き言をやめろ」と非難しているだけだ！　人間の弱さを認めず、人間の弱さに寄り添おうとせず、傲慢《ごうまん》な強者の論理を押しつけているだけだ！

哲人　そうではありません。たとえば普段、われわれカウンセラーは、この三角柱を相談者にお渡ししてしまうこともあります。そして、「どの話をしてもかまいませんので、いまからしゃべる内容を正面にして見せてください」とお願いします。すると**多くの方が、自ら「これからどうするか」を選び、その中身を考えはじめる**のです。

青年　自ら、ですか？

哲人　一方、他派のカウンセリングでは、延々と過去をさかのぼることでいたずらに感情を爆発させるなど、ショック療法的な手段を採《と》ることも少なくありません。しかし、そんなことをする必要はどこにもないのです。

われわれは手品師でもなければ魔法使いでもない。くり返しますが、アドラー心理学に「魔法」はありません。ミステリアスな魔法よりも**建設的で科学的な、人間への尊敬に基づく、人間知の心理学**。それがアドラー心理学なのです。

青年　……ふっふっふ、あえて再び「科学的」という言葉を使いましたね？

哲人　ええ。

青年　いいでしょう。呑みます。その言葉、いまのところは呑んでみせますよ。それではまさにわたしにとって最大の問題となっている「これから」について、教育者としての明日について、存分に語り合っていきましょう！

第二部

なぜ「賞罰」を否定するのか

哲人との対話がそう簡単に決着しないこと。それは青年にもわかっていた。とくに抽象的な議論に持ち込まれると、やはりこのソクラテスは歯ぎしりするほど手強《てごわ》い。しかし、青年にはたしかな勝算があった。一刻も早くこの書斎から抜け出し、議論を教室のなかへ持ち込むこと。俗世の現実を突きつけてやること。わたしは闇雲《やみくも》にアドラーを批判したいのではない。それがあまりに現実から乖離《かいり》した空論だから、人々の生きる大地に引きずり下ろしてやりたいのだ。青年は椅子《いす》を引き、大きく息を吸い込んだ。

教室は民主主義国家である

青年　この世界に過去など存在しない。悲劇の安酒に酔ってはならない。われわれが語り合うべきは、ただ「これからどうするか」だけである。いいでしょう、その前提に立って進めることにしますよ。わたしに突きつけられた「これから」の課題といえば、学校でどのような教育を実践していくか、です。さっそく議論に入りますが、よろしいですね？

哲人 もちろん。

青年 いいでしょう。先ほどあなたは、具体的な第一歩として「尊敬からはじめよ」とおっしゃいましたね？ そこで聞きたい。あなたは、学級に尊敬さえ持ち込めば、すべて解決するとお考えなのですか？ つまり、生徒たちはなにも問題を起こさなくなると。

哲人 それだけでは駄目でしょう。問題は起こります。

青年 だとすれば、やはり叱りつけなければなりませんよね？ なぜって彼らは悪事を働き、他の生徒に迷惑をかけているのですから。

哲人 いいえ、叱ってはいけません。

青年 じゃあ、悪事を前にしながら放置しろと？ それは泥棒を捕まえるな、泥棒を罰するな、と言っているのと同じことですよ？ アドラーはそんな無法地帯を認めるのですか？

哲人 アドラーの主張は、法やルールを無視するものではありません。ただし、**そこでのルールは民主的な手続きによってつくられたものでなければならない**。これは社会全体にとって、そして学級の運営にとって、非常に大きなポイントになります。

青年 民主的な手続き？

哲人　ええ。**あなたの学級を、ひとつの民主主義国家だと考える**のです。

青年　ほう、どういう意味です？

哲人　民主主義国家の「主権」は、国民にありますね？　「国民主権」、または「主権在民《ざいみん》」という原則です。主権者たる国民が、互いの合意に基づいてさまざまなルールを制定し、そのルールは全国民に対して平等に適用される。だからこそ人々はルールを守ることができる。ルールに従うのではなく、もっと能動的に「わたしたちのルール」を守ることができる。

他方、もしも国民の合意に基づかず、誰かの独断でルールが制定されるとしたら、しかも運用がきわめて不平等だとしたら、どうなるでしょう？

青年　そりゃあ、国民も黙っちゃいませんよ。

哲人　その反発を押さえるために為政者は、有形無形《ゆうけいむけい》の「力」を行使するしかなくなります。これは国家に限った話ではなく、企業でもそうですし、家庭だってそうです。誰かが「力」によって押さえ込んでいる組織は、その根本に「不合理」があるのです。

青年　ふむ、なるほど。

哲人　学級も同じです。**学級という国家の主権者は教師ではなく、生徒たちである。**そして学級のルールは、主権者たる生徒たちの合議に基づいて制定されなければならない。まずはこの原則からスタートしましょう。

青年　相変わらずややこしい人だな。要するに、生徒たちに自治を認めよ、ということですよね？　もちろん生徒会など、学校には一定の自治制度がありますよ。

哲人　いえ、これはもっと根源的な話です。たとえば、学級をひとつの国家として考えた場合、生徒たちは「国民」ですよね。だとすれば教師は、どんな立場の人間になりますか？

青年　さあ。生徒たちが国民だというのなら、教師はそれを統率するリーダー、首相や大統領といったところですかね。

哲人　それはおかしいでしょう。あなたは生徒たちから、選挙によって選ばれたのですか？　もしも選挙を経ないまま大統領を名乗るのであれば、それは民主主義国家ではありません。単なる独裁国家です。

青年　まあ、理屈としてはそうでしょうが。

哲人　わたしは理屈を語っているのではなく、現実を語っているのです。学級は、教師が統治する独裁国家ではない。生徒たち一人ひとりを主権者とする、民主主義国家である。この原則を忘れた教師たちは、知らず知らずのうちに独裁を敷《し》いてしまいます。

青年　ははっ、わたしがファシズムに染まっていると？

哲人　極言するなら、そうです。あなたの学級が荒れているのは、生徒個人の問題ではない。あなたに教師としての資質が足りないからでもない。ただそこが腐敗した独裁国家だからこそ、荒れているのです。独裁者の率いる組織は、腐敗を免《まぬか》れえません。

青年 言いがかりはよしてください！ いったいなにを根拠にそんな難癖《なんくせ》をつけるのです！

哲人 根拠ははっきりしています。あなたがその必要性をしきりに訴えている**「賞罰」**です。

青年 なんですって⁉

哲人 その話をしたいのですよね？ ほめることと、叱ることの話を。

青年 ……おもしろい。そちらから戦いを挑んでくるとはね！ 教育に関しては、ことに教室のなかに関しては、わたしも十分な実地を踏んでいますからね。その非礼極まりない言いがかり、かならずや撤回していただきますよ！

哲人 ええ、存分に語り合いましょう。

叱ってはいけない、ほめてもいけない

青年　アドラーは賞罰を禁じる。**叱ってはいけない、ほめてもいけない**、と断じる。なぜそんな無茶を主張するのか？　はたしてアドラーは、理想と現実とのあいだにどれくらいのギャップがあるか知っていたのか？　わたしが知りたいのはそこです。

哲人　なるほど。確認ですが、あなたは叱ることもほめることも必要だと考えるのですね？

青年　当然です。たとえそれで生徒たちから嫌われることになったとしても、叱らなければならない。間違ったことは正さなきゃならない。そう、まずは「叱ること」の是非《ぜひ》についてお伺《うかが》いしましょう。

哲人　わかりました。なぜ人を叱ってはいけないのか？　これはケースごとに分けて考える必要があるでしょう。まず、子どもがなにかよくないことをした。危険なこと、他者に危害を加えるようなこと、あるいは犯罪に近いようなことをしてしまった。いったいなぜ、そんなことをしたのか？　このとき、ひとつ考えられるのは**「それがよくないことだと知らなかった」**という可能性です。

青年　知らなかった？

哲人　ええ。わたし自身の話をしましょう。子ども時代、わたしはどこへ行くにも虫めがねを持ち歩いていました。昆虫を見つけては覗《のぞ》き込み、植物を見つけては覗き込む。肉眼では見ることのできない世界を、心ゆくまで眺めて過ごす。まるでちいさな昆虫博士のように、観察に明け暮れていました。

青年　いいですね、わたしにもそんな時代がありましたよ。

哲人　ところがしばらくして、虫めがねのまったく違った用途を知ります。なんと、黒い紙に光の焦点を合わせると、紙から煙が上がり、やがて燃えはじめるのです。まるで手品のような科学の力を前に、わたしの胸は沸《わ》き立ち、もはや虫めがねは拡大鏡ではなくなりました。

青年　けっこうなことじゃありませんか。地面に這《は》いつくばって昆虫を眺めるより、ずっとわたし好みです。ちいさな虫めがねを入口に、太陽の力に思いを馳《は》せ、ひいては宇宙にまで思いを馳せる。科学少年の第一歩だ。

哲人　そうやって黒い紙を燃やして遊んでいた、ある暑い夏のことです。いつものように地面に黒い紙を置き、虫めがねで光を集めて遊んでいたところ、視界の端を一匹の蟻《あり》が横切っていきました。いかにも頑丈で、黒々とした鎧《よろい》に身を包んだ、大きな蟻です。そろそろ黒い紙にも飽きはじめていたわたしが、虫めがねを使って「黒い」蟻になにをしたか？　……これ以上説明する必要はないでしょう。

青年　……わかります。まあ、子どもとは残酷なものです。

哲人　ええ。子どもたちはしばしば、こうして戯《たわむ》れに昆虫を殺《あや》めるような残虐性を見せます。しかし、ほんとうに子どもは残酷なのでしょうか？　たとえばフロイトの言う「攻撃欲動」のようなものを隠し持っているのでしょうか？　わたしはそうは思いません。子どもたちは残酷なのではなく、**ただ「知らない」**のです。命の価値を、そして他者の痛みを。

だとしたら、大人たちのやるべきことはひとつです。知らないのであれば、教える。そして教えるにあたって、叱責の言葉はいらない。この原則を忘れないでください。その人は悪事を働いているのではなく、ただ知らなかっただけなのですから。

青年　攻撃性や残虐性ではなく、無知がもたらした罪だと？

哲人　線路で遊ぶ子どもは、それが危険なことだと知らないのかもしれない。公共の場で大声を上げる子どもは、それが迷惑なことだと知らないのかもしれない。その他のどんなことであれ、われわれは誰しも「知らない」という地点からスタートします。「知らない」という事実をもって厳しく責めるのは、理にかなわない話だと思いませんか？

青年　まあ、ほんとうに知らないのであれば。

哲人　われわれ大人たちに必要なのは叱責ではなく、教えることです。感情的になるのではなく、大きな声を出すのでもなく、理性の言葉で。それができないあなたではないはずです。

青年　いまの事例だけで考えるなら、そうなるでしょう。先生にしたって、まさか蟻を殺した自分の残虐性を認めるわけにはいかないでしょうからね！　しかし、到底呑めた話じゃない。まるで喉の奥にへばりつく、麦芽《ばくが》シロップだ。人間への理解が甘すぎます。

哲人　甘すぎるとは？

青年　幼稚園の子どもならともかく、小学生、さらには中学生にもなれば、みんな「わかって」やっています。なにが禁止されていて、なにが不道徳とされているのか、とうの昔に知っている。彼らはいわば**確信犯として問題行動を起こしている**のです。その罪については、厳しい罰を与えなきゃならんでしょう。そうやって、子どもたちを純真無垢《むく》な天使に仕立てる老人癖《ろうじんへき》は、金輪際やめていただきたい！

哲人　たしかに、それがよくないことと知りながら問題行動に走る子どもは大勢います。むしろ問題行動の大半はそうでしょう。でも、不思議に思ったことはありませんか？　彼らはそれが「よくないこと」だと知っているだけでなく、それをすれば親や教師から叱られるとわかった上で、問題行動に出ている。あまりに非合理的な話でしょう。

青年　短絡的なんですよ、要するに。落ち着いて考えればわかるはずなのに、それができないのです。

哲人　はたしてそうでしょうか。**もっと深いところに、別の心理が働いている**とは考えられませんか？

青年　叱られることを承知でやっているとでも？　叱られて泣き出す子もいるのですよ？

哲人　その可能性を考えることは、決して無駄な作業ではないでしょう。現代アドラー心理学では、**人間の問題行動について、その背後に働く心理を5つの段階に分けて考えます。**

青年　へえ、ようやく心理学っぽい話になりましたね。

哲人　この「問題行動の5段階」を理解してしまえば、叱ることの是非についての答えも見えてくるはずです。

青年　聞きましょう。先生がどれだけ子どもたちを理解し、教育の現場を理解しておられるのか、見定めてやりますよ!

哲人の理屈はめちゃくちゃだ! 青年は憤怒《ふんぬ》に駆られていた。学級は、小さな民主主義国家である。そして学級の主権者は、生徒たちである。そこまではいい。しかし、なぜ「賞罰はいらない」なのか。学級が国家であるならば、そこには法が必要ではないか。そして法を破り、罪を犯す者がいるならば、そこには罰が必要ではないか。青年は帳面に「問題行動の5段階」の文字を書き留め、微笑《ほほえ》んだ。アドラー心理学が実世界に通用する学問なのか、あるいは机上の空論なのか、ここで見定めてやる。

問題行動の「目的」はどこにあるか

哲人 なぜ、子どもたちは問題行動に走るのか？　アドラー心理学が注目するのは、**そこに隠された「目的」**です。つまり、子どもたち——これは子どもに限った話ではありません——が、いかなる目的を持って問題行動に出ているのか、5つの段階に分けて考えるのです。

青年 5つの段階ということは、徐々にエスカレートしていく、という意味ですね？

哲人 ええ。そして人間の問題行動は、すべてこのいずれかの段階に該当します。エスカレートしてしまわないうちに、なるべく早い段階で対策を講《こう》じなければなりません。

青年 いいでしょう。では、最初の段階から教えてください。

哲人 問題行動の第1段階、それは**「称賛の要求」**です。

青年 称賛の要求？　つまり「わたしをほめてくれ」ということですか？

哲人 はい。親や教師に向けて、またその他の人々に向けて、「いい子」を演じる。組織で働く人間であれば、上司や先輩に向けて、やる気や従順さをアピールする。それによってほめられようとする。入口は、すべてここです。

青年　むしろ好ましいことじゃありませんか。誰に迷惑をかけることもなく、生産的な活動に取り組んでいる。人の役に立つことだってあるでしょう。問題視される理由など、まるで見当たりませんけどね。

哲人　たしかに、個別の行為として考えた場合、彼らはなんの問題もない「いい子」や「優等生」に映ります。実際、子どもたちであれば学業や運動に、会社員であれば仕事に精を出すわけですから、ほめたくもなるでしょう。

しかし、ここには大きな落とし穴があります。**彼らの目的は、あくまでも「ほめてもらうこと」であり、さらに言えば「共同体のなかで特権的な地位を得ること」**なのです。

青年　ははっ、動機が不純だから認めない、ってわけですか。まったくナイーヴな哲学者だ。仮に「ほめてもらうこと」が目的だったとしても、結果として勉学に励《はげ》んでいる生徒ですよ？　なんの問題もないでしょう。

哲人　では、その取り組みについて、親や教師、上司や仕事相手がいっさいほめなかったとしたら、どうなると思いますか？

青年　……不満を抱き、場合によっては憤慨するでしょう。

哲人　そう。いいですか、**彼らは「いいこと」をしているのではありません。ただ「ほめられること」をしているだけなのです。**そして、誰からもほめられないのなら、特別視されないのなら、こんな努力に意味はない。そうやって途端に意欲を失います。

彼らは**「ほめてくれる人がいなければ、適切な行動をしない」**のだし、**「罰を与える人がいなければ、不適切な行動もとる」**というライフスタイル（世界観）を身につけていくのです。

青年　まあ、そうかもしれませんが……。

哲人　さらに、周囲の期待する「いい子」であろうとするばかりに、カンニングや偽装工作などの不正行為に出てしまうのも、この段階の特徴です。教育者やリーダーは、彼らの「行為」だけに目を向けるのではなく、その「目的」を見定めなければなりません。

青年　でも、ここでほめなければ、彼らはやる気を失い、なにもしない子になる。場合によっては不適切な行動もとる子になってしまいますよね？

哲人　いいえ。「特別」でなくとも価値があるのだと、教えていくのです。「尊敬」を示すことによって。

青年　具体的には？

哲人　なにか「いいこと」をしたときに注目するのではなく、もっと日頃の些細《ささい》な言動に目を向ける。そして、その人の「関心事」に注目し、共感を寄せていく。それだけです。

青年　ああ、そこに戻るわけか。どうも問題行動としてカウントするには、若干の違和感が残る話ですがね。まあいいでしょう。次の第2段階は？

哲人　問題行動の第2段階は**「注目喚起」**です。

青年　注目喚起？

哲人　せっかく「いいこと」をしたのに、ほめられない。学級のなかで特権的な地位を得るまでには至らない。あるいはそもそも、「ほめられること」をやり遂げるだけの勇気や根気が足りない。そういうとき、**人は「ほめられなくてもいいから、とにかく目立ってやろう」と考えます。**

青年　悪いことや、叱られるようなことをしてでも？

哲人　そうです。もはや彼らは、ほめられようとは思っていません。とにかく目立つことだけを考えています。ただ、ひとつ注意していただきたいのは、この段階における子どもたちの行動原理は「悪くあること」ではなく、「目立つこと」だというところです。

青年　目立って、どうするのですか？

哲人　学級のなかで、特権的な地位を得たい。自らが属する共同体のなかに、確固たる「居場所」がほしい。真の目的はそこです。

青年　つまり、学業みたいな正攻法ではうまくいかないから、別の手段によって「特別なわたし」になろうとする。「いい子」として特別になるのではなく、「わるい子」としてそれをかなえる。

自分の居場所を確保する。

哲人　そのとおりです。

青年　まあ、あの年頃だと、ちょっとくらい「わるい子」でいたほうが一目置《いちもく》かれるところもありますからね。それで具体的に、どうやって目立つのです？

哲人　積極的な子どもたちは、社会や学校のちょっとしたルールを破ること、いわば**「いたずら」によって、注目を得ようとする**でしょう。授業中に騒いでみせたり、教師をからかったり、しつこく食い下がったり。決して大人たちの逆鱗《げきりん》に触れるところにまでは踏み込まず、学級の道化《どうけ》的な人気者として、教師や友だちから愛されることも少なくありません。

また、消極的な子どもたちは、学力の著しい低下を示したり、忘れものをくり返したり、泣いたりすることによって注目を得ようとします。**「できない子」として振る舞うことで注目を集め、特別な地位を得ようとする**わけです。

青年　でも、授業を妨害したり、忘れものを続けたりしていたら、こっぴどく叱られるでしょう。叱られてもいいのですか？

哲人　存在を無視されるくらいなら、叱られるほうがずっといい。たとえ叱られるというかたちであっても、存在を認め、特別な地位に置いてほしい。それが彼らの願いです。

青年　やれやれ、困ったな！　なかなか複雑な心境ですね。

哲人　いえ、この第2段階までの子どもたちは、むしろシンプルな原則に従って生きているし、対処もそれほど困難ではありません。「尊敬」によって、特別である必要はない、そのままで十分価値があるのだと伝えていけばいいのですから。むずかしいのは、第3段階から先です。

青年　ほう、どういうことでしょう?

わたしを憎んでくれ! 見捨ててくれ!

哲人　問題行動の第3段階。ここで彼らの目的は**「権力争い」**に突入します。

青年　権力争い?

哲人　誰にも従わず、挑発をくり返し、戦いを挑む。その戦いに勝利することによって、自らの「力」を誇示しようとする。特権的な地位を得ようとする。かなり手強い段階です。

青年　戦いを挑むとは? まさか殴りかかるわけじゃないでしょう?

哲人　ひと言でいうなら**「反抗」**です。親や教師を、口汚い言葉で罵《ののし》って挑発する。癇癪《かんしゃく》を起こして暴れることもありますし、万引きや喫煙に走るなど、平然とルールを破ります。

青年　まさに問題児じゃありませんか。そうです、わたしはまさにそういう子どもたちに手をこまねいているのですよ。

哲人　一方、消極的な子どもたちは**「不従順」**によって、権力争いを挑んできます。どんなに厳しい言葉で叱られようと、勉強や習いごとを拒絶する。大人たちの言葉に無視を決め込む。別に、勉強したくないのでも、勉強が不要だと思っているわけでもありません。ただ不従順を貫くことによって、自らの「力」を証明したいのです。

青年　ああ、想像しただけでも腹が立つ！　さすがにそんな問題児たちは叱りつける以外にないでしょう！　実際にルールを破っているのですから、ぶん殴ってやりたいくらいだ。そうしないと彼らの悪行を認めることになる。

哲人　ええ。多くの親や教師たちは、ここで怒りのラケットを手に取り、叱責というボールを打ち返します。しかしそれは、挑発に乗り「相手と同じコートに立つこと」でしかありません。彼らは嬉々《きき》として次なる反抗のボールを打ち返してくるでしょう。自分の仕掛けたラリーがはじまったのだと。

青年　じゃあ、どうしろと？

哲人　法に触れる問題であれば、法に従った対処が必要です。しかし、それ以外の権力争いを察知したときには、**すぐさま彼らのコートから退場する。**まずやるべきことは、それだけです。叱責するのはもちろんのこと、腹立たしそうな表情を浮かべるだけでも、権力争いのコートに立ってしまうのだと考えてください。

青年　でも、目の前に悪いことをやっている生徒がいるのですよ!?　この現実をどうするのです、なにもしないで放置するのが教育者ですか?

哲人　おそらく論理的な帰結はひとつなのですが、それは5段階のすべてを説明してから一緒に考えたほうがいいでしょう。

青年　ええい、腹立たしい。次っ!

哲人　問題行動の第4段階、ここで人は**「復讐」**の段階に突入します。

青年　復讐?

哲人　意を決して権力争いを挑んだのに、歯が立たない。勝利を収めることができず、特権的な地位を得ることもできない。相手にされず、敗北を喫《きっ》してしまう。そうして戦いに敗れた人は、いったん引き下がった後に「復讐」を画策します。

青年　誰に、なにを復讐するのです?

哲人　**かけがえのない「わたし」を認めてくれなかった人、愛してくれなかった人に、愛の復讐をするのです。**

青年　愛の復讐？

哲人　思い出してください。称賛の要求、注目喚起、そして権力争い。これらはすべて「もっとわたしを尊重してほしい」という、愛を乞《こ》う気持ちの表れです。ところが、そうした愛の希求がかなわないと知った瞬間、人は一転して**「憎しみ」を求めるようになる**のです。

青年　なぜ？　憎しみを求めてどうするのです？

哲人　わたしを愛してくれないことは、もうわかった。だったらいっそ、憎んでくれ。**憎悪という感情のなかで、わたしに注目してくれ。**そう考えるようになるのです。

青年　……憎まれることが、彼らの願いなのですか？

哲人　そうなります。たとえば第3段階の、親や教師に反抗し、「権力争い」を挑む子どもたち。彼らは、学級のなかでちょっとした英雄になれる可能性があります。権威に立ち向かい、大人に立ち向かう、その勇気を称《たた》えられて。

しかし、「復讐」の段階に突入した子どもたちは、誰からも称えられることはありません。親や教師はもちろんのこと、級友からも憎まれ、恐れられ、徐々に孤立していきます。それでもなお、「憎まれている」という一点でつながろうとするのです。

青年　だったら無視を決め込んでしまえばいいのですよ！　憎しみという接点を、断ち切ってやればいいのですよ！　そうだ、そうすれば「復讐」も成立しない。なにか別の、もっとまっとうなやり方を考えるようになる。違いますか？

哲人　理屈としてはそうなのかもしれません。しかし、実際に彼らのおこないを許容するのは、かなりむずかしいでしょう。

青年　なぜです？　わたしにそれだけの堪《こら》え性《しょう》がないと？

哲人　たとえば「権力争い」の段階にある子どもたちは、正面から正々堂々と戦いを挑んできます。暴言交じりの挑発も、彼らなりの正義を伴った直接的なものです。だからこそ、級友から英雄視されることもある。こうした挑発であれば、冷静な対処も可能でしょう。

一方、復讐の段階に入った子どもたちは、正面きって戦うことを選びません。彼らは「悪いこと」を目論《もくろ》むのではなく、**ひたすら「相手が嫌がること」をくり返す**のです。

青年　……具体的には？

哲人　わかりやすいところでいうと、いわゆるストーカー行為は、典型的な復讐です。自分のことを愛してくれなかった人に対する、愛の復讐ですね。ストーカーとなる人たちは、相手がそれを嫌がっていることくらい十分理解しています。そこから良好な関係に発展しえないことも、理解しています。それでも「憎悪」や「嫌悪」によって、なんとかつながろうと画策するのです。

青年　なんだ、その不愉快な論理は！

哲人　あるいはまた、自傷《じしょう》行為や引きこもりも、アドラー心理学では「復讐」の一環なのだと考えます。自らを傷つけ、自らの価値を毀損《きそん》していくことで**「こんな自分になってしまったのは、お前のせいだ」と訴える**のです。当然、親御《おやご》さんは心配するし、胸を引き裂かれるような思いに駆られるでしょう。子どもたちにしてみれば、復讐が成功していることになります。

青年　……そんなもの、ほとんど精神科の領域ではありませんか。ほかには？

哲人　暴力や暴言がエスカレートするのはもちろんのこと、非行グループや反社会的勢力に入って犯罪に手を染める子どもも少なくありません。また、消極的な子どもの場合、常識では考えられないほど不潔になっていったり、周囲が嫌悪感を抱かざるをえないくらいグロテスクな趣味に耽溺《たんでき》するなど、復讐の手段はさまざまです。

青年　そういう子どもたちを前に、われわれはどうしたらいいのです？

哲人　もし、あなたの学級にそのような生徒がいるとしたら、あなたにできることはなにもありません。彼らの目的は「あなたへの復讐」です。あなたが手を差し伸べようとすればするほど、復讐の機会がきたとばかりに言動をエスカレートさせていきます。こうなったらもう、利害関係のない、まったくの第三者に助けを求めるしかない。つまりほかの教師や、学校の外にいる人間、たとえばわれわれのような専門家に頼るしかないでしょう。

青年　……しかし、これが第4段階だとしたら、さらに上があるわけですよね？

哲人　ええ。復讐よりももっと厄介な、最後の段階があります。

青年　……教えてください。

哲人　問題行動の第5段階、それは**「無能の証明」**です。

青年　無能の証明？

哲人　はい。ここはひとつ、自分自身のこととして考えてみてください。「特別な存在」として扱われようと、ここまでさまざまな策を講じてきたものの、どれもうまくいかない。親も教師も級友も、憎むことさえしてくれない。学級にも家庭にも、自分の「居場所」を見出せない。……あなただったらどうしますか？

青年　さっさとあきらめるでしょう。なにをやっても認めてもらえないのですから。なんの努力もしなくなるでしょうね。

哲人　でも、親や教師は、あなたにもっと勉強するようにお説教したり、学校での態度や友だち関係について、事あるごとに介入してくるでしょう。無論、あなたを援助しようと思って。

青年　余計なお世話です！　そんなもの、うまくやれるのなら、とっくにやっていますよ。いっさい構わないでほしいですね。

哲人　その思いも理解してもらえません。周囲はあなたにもっとがんばってもらいたいと思っている。やればできるし、自分の働きかけによって変わるはずだと期待している。

青年　そんな期待、大迷惑だと言っているでしょう！　放っておいていただきたい。

哲人　……そう、まさにその「これ以上わたしに期待しないでくれ」という思いが「無能の証明」につながるのです。

青年　わたしに期待しないでくれ、なぜならわたしは無能なのだから、と？

哲人　ええ。人生に絶望し、自分のことを心底嫌いになり、自分にはなにも解決できないと信じ込むようになる。そしてこれ以上の絶望を経験しないために、あらゆる課題から逃げ回るようになる。周囲に対しては「自分はこれだけ無能なのだから、課題を与えないでくれ。自分にはそれを解決する能力がないのだ」と表明するようになる。

青年　これ以上傷つかないために？

哲人　そうです。「できるかもしれない」と課題に取り組んで失敗するくらいなら、**最初から「できるはずがない」とあきらめたほうが楽**なのです。そうすればこれ以上の失意に打ちのめされる心配はないのですから。

青年　……ま、まあ気持ちはわかりますが。

哲人　そこで彼らは、**自分がいかに無能であるか、ありとあらゆる手を使って「証明」しようとします**。あからさまな愚者《ぐしゃ》を演じ、なにごとにも無気力になり、どんな簡単な課題にも取り組もうとしなくなる。やがて自分でも「愚者としてのわたし」を信じ込むようになる。

青年　たしかに「ぼくは馬鹿だから」と口にする生徒はいます。

哲人　言葉にできるのだったら、自嘲《じちょう》しているだけでしょう。ほんとうの第5段階に入った子どもたちは、愚者を演じるうちになんらかの精神疾患《しっかん》を疑われることもあるほどです。課題に取り組もうとする自分、また物事を考えようとする自分に対して、自らブレーキをかける。そして、ただただ厭世《えんせい》的に課題を拒絶し、周囲からの期待も拒絶するようになります。

青年　そういう子どもたちには、どう接したらいいのです?

哲人　彼らの願いは「なにも期待しないでくれ」「わたしに構わないでくれ」であり、もっといえば「わたしを見捨ててくれ」なのです。親や教師が手を差し伸べようとすればするほど、彼らはより極端なやり方で「無能の証明」を図るでしょう。残念ながら、あなたにできることはありません。専門家に頼るしかないでしょう。もっとも、無能の証明をはじめた子どもたちを援助していくことは、専門家にとってもかなり困難な道です。

青年　……われわれ教育者にできることは、あまりにも少ない。

哲人　いいえ、いわゆる問題行動の大半は、第3段階の「権力争い」にとどまっています。**そこから先に踏み込ませないためにも、教育者に課せられた役割は大きい**のです。

「罰」があれば、「罪」はなくなるか

青年　問題行動の5段階、たしかに興味深い分析です。まずは称賛を求め、次に注目されんと躍《やっ》起《き》になり、それがかなわなければ権力争いを挑み、今度は悪質な復讐に転じる。そして最終的には、己の無能さを誇示する。

哲人　そしてそのすべては**「所属感」、つまり「共同体のなかに特別な地位を確保すること」という目的に根ざしている。**

青年　ええ。いかにもアドラー心理学らしい、対人関係を軸とした道筋だ。この分類については認めましょう。

しかし、お忘れですか？　われわれが議論すべきは「叱ること」の是非なのですよ？　なんといっても、わたしはアドラー式の「叱らない教育」を実践したのです。なにがあっても叱らず、彼らの自発的な気づきを待ったのです。その結果、教室はどうなったか？　ルールもなにもない、

さながら動物園ですよ！

哲人　それであなたは叱ることにした。叱ることで、なにか変わりましたか？

青年　騒いでいるときに大きな声で叱りつければ、その場は静まります。あるいは生徒が宿題を忘れたときでも、叱れば反省したような顔をします。でも、けっきょくはその場だけですね。しばらくすればまた騒ぎはじめるし、また宿題をしなくなる。

哲人　なぜ、そうなるのだと思います？

青年　だから、アドラーですよ！　最初に「叱らない」と決めていたのが間違いだったんです。最初に甘い顔を見せてなんでも認めてしまったから、「あいつは大して恐くない」「なにをやっても許されるんだ」と小馬鹿にしているのです！

哲人　最初から叱っていれば、そうはならなかった？

青年　もちろんです。これは最大の後悔ですね。何事も最初が肝心です。来年、別の学級を受け持つことになったら、初日から厳しく叱りつけてやりますよ。

哲人　あなたの同僚や先輩のなかには、いかにも厳しい人もいるわけですね？

青年　ええ、さすがに体罰とまではいきませんが、いつも生徒を怒鳴りつけ、厳しい言葉で指導している先生方は何人もいます。憎まれ役に徹し、教師という役割に徹している。ある意味、プロフェッショナルの鑑《かがみ》です。

哲人　どうもおかしいですね。なぜその先生方は「いつも」怒鳴っているのでしょう？

青年　なぜって、生徒たちが悪さをするからですよ。

哲人　いや、もしも「叱る」という手段が教育上有効であるのなら、せいぜいはじめの何回か叱っておけば、問題行動はなくなるはずです。それがどうして「いつも」叱ることになってしまうのか。どうして「いつも」恐い顔をして、「いつも」大きな声を出さないといけないのか。不思議に思ったことはありませんか？

青年　……それだけ聞きわけがないのですよ、あの子たちは！

哲人　違います。**これは「叱る」という手段が教育上なんら有効でないことの、動かぬ証《あかし》なのです。**仮に来年のあなたが最初から厳しく叱ったとしても、状況はいまと変わらない。むしろ、もっとひどくなるかもしれません。

青年　もっとひどくなる!?

哲人　もうおわかりでしょう、彼らの問題行動は「あなたに叱られること」まで含んだ上での、問題行動なのです。**叱責されることは、彼らの望むところです。**

青年　教師から叱られることを望み、叱られて喜んでいると!?　ははっ、どんなマゾヒストだ。冗談もほどほどにしてほしいですね！

哲人　叱られて喜ぶ人はいないでしょう。でも、「自分は〝叱られるような特別なこと〟をしたのだ」という英雄的達成感はあります。叱られることによって、自分が特別な存在であることを証明できるのです。

青年　いいや、これは人間心理の問題であるより先に、法と秩序の問題です。目の前に悪いことをしている人間がいる。それがどんな「目的」によるものであれ、ルールを破る者がいる。それを処罰するのは、当然のことでしょう。そうでなくては、公共の秩序が守れない。

哲人　法と秩序を守るために叱っていると？

青年　そうです。わたしは生徒を叱りたいのではない。罰を与えたいのでもない。当たり前だ、誰がそんなことを望むものか！　……でも、罰は必要です。ひとつは法と秩序を守るため。そしてもうひとつは罪に対する抑止力として。

哲人　抑止力とは？

青年　たとえば試合中のボクサーは、どれだけ劣勢に追い込まれようと、対戦相手を蹴ったり、投げ飛ばしたりはしません。そんなことをしてしまえば、失格処分になることが目に見えていますからね。失格処分という重大な「罰」が、反則行為の抑止力として機能しているわけです。もしも「罰」の運用があやふやだったら、抑止力になりえず、ボクシングの試合は成立しなくなるでしょう。罰とは、罪に対する唯一の抑止力なのです。

哲人　おもしろいたとえです。では、それだけ重要な罰、つまりあなた方の叱責が、どうして教育現場では抑止力として機能していないのでしょう?

青年　見解はさまざまですね。古株《ふるかぶ》の教師なんかは、体罰が許されていた時代のことを懐かしそうに話していますよ。つまり時代が変わり、罰が軽くなったことによって、抑止力としての機能が失われてしまったのだと。

哲人　わかりました。では、なぜ「叱ること」が教育上なんら有効性を持ちえないのか、もう少し掘り下げて考えてみましょう。

哲人が語った「問題行動の5段階」。その内実は、たしかに人間心理を的確に捉えたものであり、アドラーの真骨頂《しんこっちょう》を垣間《かいま》見せるものだった。しかし、と青年は思う。わたしは学級を預かる唯一の大人であり、社会に生きる人間としての範《はん》を示さなければならない存在だ。すなわち、罪を犯した者には罰を与えなければ、この「社会」の秩序が崩れてしまう。わたしは理論で人間を弄《もてあそ》ぶ哲学者ではなく、子どもたちの明日に責任を負った教育者なのだ。この男にはわかるまい、現実世界に生きる人間の、責任の重さなど!

暴力という名のコミュニケーション

青年　さあ、どこからはじめますか？

哲人　そうですね。仮にあなたの学級で、暴力沙汰の喧嘩《けんか》があったとしましょう。些細な言い争いが、拳《こぶし》を交えるような喧嘩に発展してしまった。あなたはこのふたりをどうしますか？

青年　そのパターンでしたら大声で叱ったりはしませんよ。むしろ冷静に双方の言い分を聞くでしょうね。お互いをなだめ、ゆっくりと「どうして喧嘩になったんだ」とか「なんで殴ったんだ」とか、そんなことを聞いていきます。

哲人　生徒たちはどう答えるでしょう？

青年　まあ「彼がこんなことを言ったから、頭にきた」とか「こんなひどいことをされた」とか、そんなところでしょう。

哲人　それであなたはどうします？

青年　お互いの言い分を聞いて、どちらに非があるかを見定め、非のあるほうに謝ってもらいます。とはいえ、すべての争いごとにはお互いに非があるわけですから、双方に謝ってもらうことになりますね。

哲人　二人は納得するでしょうか？

青年　そりゃあ、自分の言い分にこだわりますよ。ただ、少しでもいいから「自分にも非があったのかもしれない」と思ってくれたら、それでよしとします。喧嘩両成敗《りょうせいばい》ってやつです。

哲人　なるほど。それでは仮に、あなたの手元に先ほどの三角柱があったとします。

青年　三角柱？

哲人　ええ。一面には「悪いあの人」、もう一面には「かわいそうなわたし」、そして最後の一面に「これからどうするか」と書かれている。われわれカウンセラーがこの三角柱を使うように、あなたも三角柱をイメージして生徒の話を聞くのです。

青年　……どういうことでしょう？

哲人　生徒たちが語っている「彼がこんなことを言った」「こんなひどいことをされた」という喧嘩の理由。これを三角柱で考えてみると、けっきょくは「悪いあの人」と「かわいそうなわたし」になっていませんか？

青年　……ええ、まあ。

哲人　あなたは生徒たちに「原因」ばかりを聞いている。そこをいくら掘り下げても、責任放棄と言い訳の言葉しか出てきません。**あなたのやるべきことは、彼らの「目的」に注目し、彼らと共に「これからどうするか」を考えることなのです。**

青年　喧嘩の目的？　原因ではなく？

哲人　順を追って、ひとつずつ解きほぐしていきましょう。まず、通常われわれは言語を通じてコミュニケーションをとりますね？

青年　ええ。いまわたしと先生が語り合っているように。

哲人　そしてコミュニケーションの目的、目標とするところはなんですか？

青年　意思の伝達、自らの思いを伝えることでしょう。

哲人　違います。「伝えること」はコミュニケーションの入口にすぎません。最終的な目標は、合意の形成です。伝えるだけでは意味がなく、伝えた内容が理解され、一定の合意を取りつけたとき、はじめてコミュニケーションは意味を持つ。あなたとわたしも、なんらかの合意点にたどりつくことをめざしながら、こうして語り合っているわけです。

青年　まあ、えらく時間はかかっていますがね！

哲人　そう。言語によるコミュニケーションは、合意に至るまでに相当な時間を要し、労力を要します。自分勝手な要求は通らず、客観的データなど、説得材料を揃《そろ》える必要も出てくる。しかも、費やされるコストの割に、即効性と確実性があまりにも乏《とぼ》しい。

青年　おっしゃるとおりです。うんざりしてきますよ。

哲人　そこで議論にうんざりした人、また議論では勝ち目がないと思った人がどうするか。わかりますか？

青年　さあ、撤退するわけじゃないですよね？

哲人　**彼らが最後に選択するコミュニケーション手段、それが暴力です。**

青年　ははっ、こりゃおもしろい！　そこにつなげますか！

哲人　暴力に訴えてしまえば、時間も労力もかけないまま、自分の要求を押し通すことができる。もっと直接的に言えば、相手を屈服させることができる。**暴力とは、どこまでもコストの低い、安直なコミュニケーション手段**なのです。これは道徳的に許されないという以前に、人間としてあまりに未熟な行為だと言わざるをえません。

青年　道徳的観点から認めないのではなく、未熟で愚かな行為だから認めないと？

哲人　ええ。道徳の規準は、時代や状況によって変わります。道徳のみを指針に他者を判断することは、非常に危険です。暴力が奨励される時代だってあるのですから。では、どうするか？　われわれ人間は、未熟な状態から成長していかなければならない、という原点に立ち返るのです。

暴力という未熟なコミュニケーションに頼ってはいけない。もっと別のコミュニケーションを模索しなければならない。暴力の「原因」として挙げられる、相手がなにを言ったとか、どんな挑発的態度をとったとか、そんなことは関係ありません。暴力の「目的」はひとつなのですし、考えるべきは「これからどうするか」なのです。

青年　なるほど、それは暴力に対するおもしろい洞察だ。

哲人　そう他人事のようにかまえていられるのでしょうか？　いまの話はあなた自身にも言えることです。

青年　いやいや、わたしは暴力など振るっていませんよ。妙な言いがかりはよしてください！

怒ることと叱ることは、同義である

哲人　誰かと議論をしていて、雲行きが怪しくなってくる。劣勢に立たされる。あるいは議論の最初から、自らの主張が合理性を欠くことを自覚している。
このようなとき、暴力とまではいかなくとも、声を荒げたり、机を叩いたり、また涙を流すなどして相手を威圧し、自分の主張を押し通そうとする人がいます。これらの行為もまた、コストの低い「暴力的」なコミュニケーションだと考えねばなりません。……わたしがなにを言わんとしているのか、おわかりですね？

青年　……こ、この忌々《いまいま》しい毒虫め！　興奮して声を荒げるわたしを、未熟な人間だと嘲笑《あざわら》っているのですか！

哲人　いえ、この部屋でどれだけ声を荒げようと、一向にかまいません。わたしが問題にしているのは、あなたの選ぶ「叱る」という行為の内実です。
あなたは、**生徒たちと言葉でコミュニケーションすることを煩《わずら》わしく感じ、手っ取り早く屈服させようとして、叱っている。**怒りを武器に、罵倒《ばとう》という名の銃を構え、権威の刃を突きつけて。それは教育者として未熟な、また愚かな態度なのです。

青年　違う！　わたしは怒っているのではない、叱っているのです！

哲人　そう弁明する大人は大勢います。しかし、暴力的な「力」の行使によって相手を押さえつけようとしている事実には、なんら変わりがありません。むしろ「わたしは善《よ》いことをしているのだ」との意識があるぶん、悪質だとさえ言えます。

青年　そうじゃない！　いいですか、怒りとは感情を爆発させることであり、冷静な判断ができなくなることです。その意味で叱るときのわたしは、ひとつも感情的になっていません！　逆上しているのではなく、計算ずくで、冷静に叱っている。我を忘れて激昂《げきこう》する人と一緒にしないでいただきたい！

哲人　あるいはそうなのかもしれません。いわば実弾の装塡《そうてん》されていない、空包《くうほう》の銃だとおっしゃるのでしょう。しかし、生徒たちにしてみれば、銃口を向けられている事実は同じなのです。そこに装塡されたものが実弾であろうとなかろうと、あなたは銃を片手にコミュニケーションをとっているのです。

青年　じゃあ、あえて聞きましょう。たとえるなら相手は、ナイフを持って立てこもる凶悪犯みたいなものですよ。罪を犯し、あまつさえ戦いを挑んできている。その、注目喚起やら権力争いやらの戦いをね。銃を手にしたコミュニケーションのなにが悪いのです？　いかにして法と秩序を守るのです？

哲人　子どもたちの問題行動を前にしたとき、親や教育者はなにをすべきなのか？　アドラーは**「裁判官の立場を放棄せよ」**と語っています。あなたは裁きを下す特権など与えられていない。法と秩序を守るのは、あなたの仕事ではないのです。

青年　では、なにをしろというのです？

哲人　いまあなたが守るべきは法でも秩序でもなく「目の前の子ども」、問題行動を起こした子どもです。**教育者とはカウンセラーであり、カウンセリングとは「再教育」である。**最初にお話ししましたね？　カウンセラーが銃を構えるなど、おかしな話でしょう。

青年　し、しかし……。

哲人　叱責を含む「暴力」は、人間としての未熟さを露呈《ろてい》するコミュニケーションである。このことは、子どもたちも十分に理解しています。叱責を受けたとき、暴力的行為への恐怖とは別に、**「この人は未熟な人間なのだ」という洞察が、無意識のうちに働きます。**

これは、大人たちが思っている以上に大きな問題です。あなたは未熟な人間を、「尊敬」することができますか？　あるいは暴力的に威嚇《いかく》してくる相手から、「尊敬」されていることを実感できますか？　怒りや暴力を伴うコミュニケーションには、尊敬が存在しない。それどころか軽蔑を招く。叱責が本質的な改善につながらないことは、自明《じめい》の理《り》なのです。ここからアドラーは、**「怒りとは、人と人を引き離す感情である」**と語っています。

青年　わたしは生徒たちから尊敬されていない、のみならず、軽蔑されていると？　あの子らを叱ることによって!?

哲人　残念ながら、そうでしょう。

青年　……現場を知らないあなたになにがわかる！

哲人　わたしにわからないことは多々あるでしょう。しかし、あなたがくり返し訴える「現場」という言葉も、要するに「悪いあの人」の話であり、そこで翻弄される「かわいそうなわたし」の話です。わたしは、そこに必要以上の価値を認めようとは思いません。すべて聞き流します。

青年　……くっ！

哲人　もしもあなたが自分自身と向き合う勇気を持ち、ほんとうの意味で「これからどうするか」を考えられるようになったら、前に進むことができるでしょう。

青年　わたしが言い訳ばかり並べているとおっしゃるのですね？

哲人　いいえ。言い訳というのは不正確な言葉でしょう。あなたはただ「変えられないもの」ばかりに注目して「だから無理だ」と嘆いている。**「変えられないもの」に執着するのではなく、眼前《がんぜん》の「変えられるもの」を直視するのです。**……覚えていますか？　キリスト教社会で口承《こうしょう》されてきた「ニーバーの祈り」を。

青年　ええ、もちろん覚えています。**「神よ、願わくばわたしに、変えることのできない物事を受け入れる落ち着きと、変えることのできる物事を変える勇気と、その違いを常に見分ける知恵とをさずけたまえ」**。

哲人　その言葉を噛みしめて、もう一度「これからどうするか」を考えるのです。

自分の人生は、自分で選ぶことができる

青年　じゃあ先生のご提案を受け入れて、叱ることもせず、原因も問わず、生徒たちに「これからどうするか」を聞いたとしましょう。それでどうなるか？　……考えるまでもありません。出てくる言葉は「もうしません」とか「これからはちゃんとやる」とかいった、口先だけの反省ですよ。

哲人　反省の言葉を強要したところで、なにも生まれない。それはそのとおりです。よく、謝罪文や反省文を書かせる人がありますが、これらの文書は「許してもらうこと」だけを目的に書かれたものであって、なんら反省にはつながらない。書かせる側の自己満足以上のものにはならないでしょう。そうではなく、ここで問いたいのは、その人の生き方なのです。

青年　生き方？

哲人　カントの言葉を紹介しましょう。彼は自立について、こんなふうに語っています。**「人間が**

未成年の状態にあるのは、理性が欠けているのではない。他者の指示を仰がないと自分の理性を使う決意も勇気も持てないからなのだ。つまり人間は自らの責任において未成年の状態にとどまっていることになる」。

青年　……未成年の状態？

哲人　ええ、真の自立に至らない状態です。なお、彼の使う「理性」という言葉は、知性から感性までを含めた「能力」全般のことだと考えればいいでしょう。

青年　われわれは能力が足りないのではなく、能力を使う勇気が足りていない。だから未成年の状態から抜け出せないのだと？

哲人　そうです。さらに彼はこう断言します。「**自分の理性を使う勇気を持て**」と。

青年　ほほう、まるでアドラーじゃありませんか。

哲人　それではなぜ、人は自らを「未成年の状態」に置こうとするのか。もっと端的に言うなら、なぜ人は自立を拒絶するのか。あなたの見解はいかがですか？

青年　……臆病だから、ですか？

哲人　それもあるでしょう。ただ、カントの言葉をもう一度思いだしてください。**われわれは「他者の指示」を仰いで生きていたほうが、楽なのです**。むずかしいことを考えなくてもいいし、失敗の責任をとらなくてもいい。一定の忠誠さえ誓っていれば、面倒事はすべて誰かが引き受けてくれる。家庭や学校の子どもたちも、企業や役所で働く社会人も、カウンセリングにやってくる相談者も。そうでしょう？

青年　ま、まあ……。

哲人　しかも、周囲の大人たちは、子どもたちを「未成年の状態」に置いておくべく、自立がいかに危険なことであるか、そのリスク、恐ろしさについて、あの手この手を使って吹き込んでいきます。

青年　なんのために？

哲人　**自分の支配下においておくために。**

青年　なぜ、そんなことをするのです？

哲人　これはあなた自身、胸に手をあてて自問するといいでしょう。あなたも自分では気づかないうちに生徒たちの自立を妨《さまた》げているのですから。

青年　わたしが⁉

哲人　ええ、間違いありません。親、そして教育者は、どうしても子どもたちに過干渉になり、過保護になる。その結果、何事についても他者の指示を仰ぐような、「自分ではなにも決められない子ども」を育ててしまう。年齢だけは大人になっても、心は子どものままで、他者の指示がないとなにもできない人間を育ててしまう。これでは自立どころではありません。

青年　いや、少なくともわたしは生徒たちの自立を願っていますよ！　なぜ、わざわざ自立を阻害しなきゃならんのです。

哲人　わかりませんか？　あなたは生徒たちに**自立されることが恐い**のです。

青年　ど、どうして⁉

哲人　もしも生徒たちが自立してしまったら、あなたと対等な立場に立ってしまったら、あなたの権威は崩れ去ってしまう。あなたはいま、生徒たちと「縦の関係」を築いており、その関係を崩されることが恐いのです。これは教育者だけでなく、多くの親が潜在的に抱える恐怖です。

青年　い、いや、わたしは……。

哲人　さらにもうひとつ。子どもたちが失敗したとき、特に他者に迷惑をかけたとき、当然あなたもその責任を問われます。教育者としての責任、監督者としての責任、親であれば親としての責任。そうですね？

青年　ええ、それはもちろん。

哲人　どうすればその責任を回避することができるか？　答えは簡単です。**子どもを支配することです**。子どもたちに冒険を許さず、無難で、怪我をしないような道ばかりを歩かせる。可能な限りコントロール下に置く。子どもたちを心配して、そうするのではありません。**すべては自らの保身のため**です。

青年　子どもたちの失敗によって、責任を問われたくないから?

哲人　そうなります。だからこそ、**教育する立場にある人間、そして組織の運営を任されたリーダーは、常に「自立」という目標を掲げておかねばならない**のです。

青年　……保身に走らないように。

哲人　カウンセリングも同じです。われわれはカウンセリングをするとき、相談者を**「依存」と「無責任」の地位に置かない**ことに細心の注意を払います。たとえば、相談者に「先生のおかげで治りました」と言わせるカウンセリングは、なにも解決していません。言葉を返せば、これは「わたしひとりではなにもできない」という意味なのですから。

青年　カウンセラーに依存していると?

哲人　そう。これはあなた、つまり教育者にも同じことがいえます。「先生のおかげで卒業できました」とか「先生のおかげで合格できました」と言わせる教育者は、ほんとうの意味での教育には失敗しています。生徒たちには、自らの力でそれを成し遂げたと感じてもらわなければなりません。

青年　し、しかし……。

哲人　教育者は、孤独な存在です。誰からもほめてもらえず、労をねぎらわれることもなく、みな自力で巣立っていく。感謝すらされることのないままに。

青年　その孤独を受け入れるのですか？

哲人　ええ。生徒からの感謝を期待するのではなく、「自立」という大きな目標に自分は貢献できたのだ、という貢献感を持つ。**貢献感のなかに幸せを見出す。それしかありません。**

青年　……貢献感。

哲人　3年前にも申し上げたはずです。**幸福の本質は「貢献感」なのだ**と。もしもあなたが、生徒たちから感謝されたがっているのだとしたら。「先生のおかげで」という言葉を待っているのだとしたら。……それは結果として、生徒たちの自立を妨げているのだと思ってください。

青年　じゃあ具体的に、どうすれば子どもたちを「依存」や「無責任」の地位に置かない教育ができるのです!?　どうすればほんとうの自立を援助できるのです!?　観念ではなく、具体の事例でお示しください！　そうでなくては、納得できません！

哲人　そうですね。たとえば子どもから「友達のところに遊びに行ってもいい？」と聞かれる。このとき「もちろんいいよ」と許可を与えたり、「宿題をやってからね」と条件をつける親がいます。あるいは、遊びに行くこと自体を禁止する親もいるでしょう。これはいずれも、子どもを「依存」と「無責任」の地位に置く行為です。

そうではなく、「それは自分で決めていいんだよ」と教えること。**自分の人生は、日々の行いは、すべて自分で決定するものなのだと教えること。そして決めるにあたって必要な材料——た**

とえば知識や経験——があれば、それを提供していくこと。それが教育者のあるべき姿なのです。

青年　自分で決める……。彼らに、それだけの判断力がありますか？

哲人　そこを疑うあなたは、まだ生徒たちへの尊敬が足りていません。ほんとうに尊敬できていれば、すべてを自分で決めさせられるはずです。

青年　取り返しのつかない失敗をするかもしれませんよ!?

哲人　それは親や教師が「選んであげた」道でも同じです。なぜ彼らの選択だけが失敗に終わって、自分の指し示した道なら失敗をしないと言い切れるのです？

青年　しかし、それは……。

哲人　子どもたちが失敗したとき、たしかにあなたは責任を問われるでしょう。でも、それは人生を賭《と》した責任ではない。ほんとうの意味で責任をとらされるのは、本人だけです。だからこそ「課題の分離」という発想が生まれます。つまり、「その選択によってもたらされる結末を、最終的に引き受けるのは誰か」という発想が。最終的な責任を引き受ける立場にいないあなたが、他者の課題に介入してはいけません。

青年　子どもを放置しろと？

哲人　違います。**子どもたちの決断を尊重し、その決断を援助する**のです。そして**いつでも援助する用意があることを伝え、近すぎない、援助ができる距離で、見守る**のです。たとえその決断が失敗に終わったとしても、子どもたちは**「自分の人生は、自分で選ぶことができる」**という事実を学んでくれるでしょう。

青年　自分の人生を、自分で選ぶ……。

哲人　ふふふ。「自分の人生は、自分で選ぶことができる」。これは本日の議論を貫く大テーマですので、しっかりと覚えておいてください。そう、帳面に書き留めて。

　では、このあたりで一度休憩を挟みましょう。ご自分がどんな態度で生徒たちと向き合ってきたか、思い返してみてください。

青年　いや、休憩など必要ありません！　続けましょう！

哲人　ここからの対話には、一層の集中力が必要です。そして集中するには、適度な休憩が必要です。熱いコーヒーを淹《い》れますので、少し落ち着いて頭を整理するといいでしょう。

第三部

競争原理から協力原理へ

教育の目標は、自立である。そして教育者とは、カウンセラーである。当初青年は、このふたつの言葉を月並みな定義だと見なし、ほとんど気に留めていなかった。しかし議論が進むにしたがって、自身の教育方針に対する疑念が膨《ふく》れあがるのだった。わたしは生徒たちの自立を恐れ、妨げていたのか？　わたしは法と秩序を守らんとするわたしの教育は間違っていたのか？　……いや、そんなはずはない。わたしは間違いなく、自立を援助し続けてきた。正面に座る哲人は、黙って万年筆を撫《な》でている。超然《ちょうぜん》と、勝ち誇ったかのように！　青年は荒れた唇でコーヒーを舐めると、絞《しぼ》り出すような声で語りはじめた。

「ほめて伸ばす」を否定せよ

青年　……教育者は裁判官ではなく、子どもに寄り添うカウンセラーであらねばならない。そして叱ることは、自身の未熟さを露呈し、軽蔑を生むだけの行為である。教育の最終目標は「自立」であり、その道を妨げてはならない。いいでしょう。「叱ってはならない」については、いったん呑みますよ。ただし、あなたが次の設問をお認めになるのなら。

哲人　次の設問とは？

青年　われわれもね、教員仲間や親御さんと「叱る子育て」と「ほめる子育て」の是非を語らう機会は多々あります。それで当然、不人気なのは「叱る子育て」です。これは時代の流れもあるでしょうし、道徳的な観点から認めない人も大勢います。わたしだって叱りたいわけじゃないし、概《おおむ》ね賛成です。一方、「ほめる子育て」への信奉は絶大なものがあります。これを正面から否定する人は、ほとんどいません。

哲人　きっとそうでしょう。

青年　ところが、アドラーはほめることまで否定する。3年前、その理由を伺ったとき、あなたはこんなふうに言いました。**「ほめることは〝能力のある人が、能力のない人に下す評価〟であり、その目的は〝操作〟である」**。ゆえにほめてはならないのだと。

哲人　ええ、そう言いました。

青年　わたしもそれを信じていましたし、忠実に「ほめない教育」を実践していました。しかしそれも、ある生徒にその間違いを気づかされるまでの話です。

哲人　ある生徒に？

青年　数ヶ月前のことです。学校でも指折りの問題児が、読書感想文を書いてきました。夏休みの自由課題だったのですが、なんとカミュの『異邦人《いほうじん》』を読んできてね。まあ、驚きましたよ。書いたことにも驚きでしたが、その内容に！　あの多感な思春期の少年にしか持ちえない、瑞々《みずみず》しい感性で綴《つづ》られた、それはそれは見事な感想文だったのです。読んだわたしは、思わずほめました。「お前、すごいじゃないか！　こんなに上手な作文が書けるなんてちっとも知らなかった。見直したよ！」と。

哲人　なるほど。

青年　言った瞬間、まずいと思いました。とくに「見直したよ」の言葉には、アドラーの指摘する上から下への「評価」がこもっていた。もっと言えば、彼のことを軽んじていた。

哲人　ええ、そうでなければ出てこない言葉です。

青年　でも実際、わたしは彼をほめてしまった。しかも、あからさまな評価の言葉でほめてしまった。では、その言葉を聞いた問題児が、どんな表情を見せたか。反発したのか？　……ああ、先生にも見せてやりたいなあ！　彼はね、これまでついぞ見せたことのない、ほんとうに初々《ういうい》しい少年の笑顔をしたのですよ！

哲人　ふふふ。

青年　まさに目の前の霧が晴れる思いでしたね。「いったい、なにがアドラーだ。こんなペテンに引っかかったおかげで、わたしはこの笑顔を奪い、この喜びを奪う教育をしていたのだ。そんなもの、なにが教育だ！」と。

哲人　……それで、ほめるようになったのですね？

青年　もちろんです。迷うことなくほめました。彼も、彼以外の生徒たちも。すると、まあ喜んでくれますし、学業も伸びますよ。ほめればほめるほど、やる気を見せてくれる。好循環としか思えません。

哲人　しっかり効果を挙げていると。

青年　ええ。無論、全員を無分別にほめるわけにはいきません。一定の努力や成果に対してだけ、ほめます。そうでなくっちゃ、ほめ言葉が嘘になりますからね。先ほどの読書感想文を書いてきた問題児も、いまや本の虫です。とにかくたくさん本を読んで、感想文を書いてくる。すばらしいですね、本は、世界への扉ですよ。そのうち学校の図書室では飽き足らず、大学図書館に通うことになるかもしれません。わたしの勤めていた図書館にね！

哲人　そうなれば感慨深いものがあるかもしれませんね。

青年　わかっています。きっと先生は否定されるのでしょう。それは「称賛の要求」であって、問題行動の第一段階なのだと。しかしね、現実はまったく違います。

たとえ最初は「ほめてもらうこと」を目的としていたとしても、そのうち学ぶことの喜びを知り、やり遂げることの快感を覚え、自らの足で巣立っていく。それはアドラーの言う「自立」にもつながっているのですから！

哲人　はたしてそう言い切れるでしょうか。

青年　はっきりとお認めなさい！　なんといっても、ほめることによって生徒たちに笑顔と意欲が戻ったのですよ？　これが現場に生きる血の通った人間の、体温を伴った教育というものです。アドラーの教育に、どんな温もりが、どんな笑顔がありますか⁉

哲人　では、一緒に考えましょう。**なぜ教育現場で「ほめてはいけない」という原則を貫くのか。ほめたら喜び、伸びる子どもたちがいるのに、どうしてほめてはいけないのか。ほめることによって、あなたがどんな危険を冒《おか》しているのか。**

青年　ふふふ、どんな小理屈を披露してくださることやら。ここは譲りませんからね。ご持論を改めるなら、いまのうちですよ。

褒賞《ほうしょう》が競争を生む

哲人　先に「学級は民主主義国家である」という話をしました。覚えていますね？

青年　ははっ、人のことを一方的にファシスト呼ばわりしたのですからね！　忘れるはずもありませんよ。

哲人　そしてわたしは、「独裁者の率いる組織は、腐敗を免れえない」と指摘しました。その理由をもう少し深く考えていけば、「なぜほめてはいけないのか？」の答えも見えてくるはずです。

青年　聞きましょう。

哲人　独裁が敷かれ、民主主義が確立されていない共同体では、善悪のあらゆるルールがリーダーの一存によって決定されます。国家はもちろん、会社組織もそうですし、家庭や学校でも同じです。しかもそのルールは、かなり恣意《しい》的に適用されるものです。

青年　ああ、いわゆるワンマン経営の会社などは典型ですね。

哲人　では、これら独裁的なリーダーが「国民」から嫌われているかというと、かならずしもそうではありません。むしろ国民から熱烈な支持を受けている場合も多いくらいです。これはなぜだと思いますか？

青年　そのリーダーに、カリスマ的な魅力があるから？

哲人　いいえ。それは副次的な、あるいは表面上の理由でしかありません。もっと大きな理由は、**そこに苛烈《かれつ》な賞罰があること**です。

青年　ほう！　そうきますか。

哲人　ルールを破れば厳しく罰せられ、ルールに従えばほめられる。そして承認される。つまり人々は、リーダーの人格や思想信条を支持しているのではなく、**ただ「ほめられること」や「叱られないこと」を目的として、従っているのです**。

青年　ええ、ええ。世のなかそんなものですよ。

哲人　さて、問題はここからです。「ほめられること」を目的とする人々が集まると、その共同体には「競争」が生まれます。他者がほめられれば悔しいし、自分がほめられれば誇らしい。いかにして周囲よりも先にほめられ、たくさんほめられるか。さらには、いかにしてリーダーの寵愛《ちょうあい》を独占するか。**こうして共同体は、褒賞をめざした競争原理に支配されていく**ことになります。

青年　なんだか回りくどい話だな。要するに、競争が気に食わないのですね？

哲人　あなたは競争を認めますか？

青年　大いに認めますね。どうも先生は、競争の短所にだけ注目している。もっと広く考えるのです。学業であれ、芸術やスポーツ競技であれ、社会に出てからの経済活動であれ、われわれは併走《へいそう》するライバルがいるからこそ、更《さら》なる努力に踏み出せる。この社会を前に進める力の根底に流れるのは、すべて競争原理なのです。

哲人　そうでしょうか？　子どもたちを競争原理のなかに置き、他者と競うことに駆り立てたとき、なにが起こると思いますか？　……競争相手とは、すなわち「敵」です。ほどなく子どもたちは、**「他者はすべて敵なのだ」「人々はわたしを陥れようと機会を窺《うかが》う、油断ならない存在なのだ」というライフスタイルを身につけていく**でしょう。

青年　なぜそんなにも悲観的に考えるのです？　人間の成長にとって、ライバルの存在がどれだけ励《はげ》みになるか。そしてライバルが、どれだけ頼りがいのある親友となってくれるか、あなたはなにもご存じない。きっと哲学に明け暮れ、親友もライバルもいない孤独な人生を送ってこられたのでしょう。ふふっ、なんだか先生が憐《あわ》れに思えてきましたよ。

哲人　ライバルと呼ぶべき盟友《めいゆう》の価値は、大いに認めます。しかし、**そのライバルと競争する必要はひとつもないし、競争してはいけない**のです。

青年　ライバルは認めるが、競争は認めない？　おやおや、さっそく矛盾しておられる！

共同体の病《やまい》

哲人　矛盾などありません。人生をマラソンのようなものだと考えてみましょう。自分の隣を、ライバルが併走している。これ自体は励みになったり、心強く感じたりするわけですから、なんの問題もないでしょう。しかし、そのライバルに「勝とう」とした瞬間、様相《ようそう》は一変します。

当初「完走する」や「速く走る」だったはずの目的が、「この人に勝つ」という目的にすり替わってしまう。盟友だったはずのライバルが、打倒すべき敵に変わってしまう。……そして勝利をめぐる駆け引きが生まれ、場合によっては妨害や不正行為にまで及んでしまう。レースが終わったあとも、ライバルの勝利を祝福することができず、嫉妬《しっと》や劣等感に苦しめられる。

青年　だから競争はけしからん、と?

哲人　競争のあるところ、駆け引きが生まれ、不正が生まれます。誰かに勝つ必要などない。完走できれば、それでいいではありませんか。

青年　いやいや、甘い！　甘すぎるのですよ、その考えでは！

哲人　では、話をマラソンから現実の社会に戻しましょう。タイムを競うマラソンと違い、独裁的なリーダーの率いる共同体ではなにをもって「勝ち」とするのか、基準が明確ではありません。教室でいえば、学業以外の部分も判断材料になる。そして評価の基準が不明確なぶん、仲間の足を引っぱったり、他人の手柄を横取りしたり、自分だけが認められようとリーダーに媚《こび》を売る人々が跋扈《ばっこ》する。あなたの職場でも、そうした姿を目にしませんか？

青年　ま、まあ……。

哲人　**そんな事態を招かないためにも組織は、賞罰も競争もない、ほんとうの民主主義が貫かれていなければならない**のです。賞罰によって人を操作しようとする教育は、民主主義からもっとも**か**け離れた態度だと考えてください。

青年　じゃあ聞きましょう。あなたの考える民主主義とはなんです？　どのような組織、どのような共同体のことを、民主主義的だと呼ぶのです？

哲人　**競争原理ではない、「協力原理」に基づいて運営される共同体**です。

青年　協力原理!?

哲人　他者と競争するのではなく、他者との協力を第一に考える。もしもあなたの学級が協力原理によって運営されるようになったら、**生徒たちは「人々はわたしの仲間である」というライフ**

スタイルを身につけてくれるでしょう。

青年　ははっ、みんなで仲良くがんばりましょう、と？　いまどき幼稚園でもそんな絵空事《えそらごと》は通用しませんよ！

哲人　たとえば、ひとりの男子生徒が問題行動をくり返していたとしましょう。そして多くの教育者は、「この生徒をどうすればいいか？」と考えます。ほめるのか、叱るのか、無視をするのか、あるいは別のアプローチを考えるのか。そして、個別に職員室に呼び出して、対処する。じつは、この発想自体が間違っているのです。

青年　というと？

哲人　これは**彼が「悪」だったから問題行動に走ったのではなく、学級全体に蔓延《まんえん》する競争原理に問題があった**のです。たとえるなら、彼個人が心に肺炎を患《わずら》っているのではなく、すでに学級全体が重篤《じゅうとく》な肺炎を患っていた。その一症状として、彼の問題行動が表れた。それがアドラー心理学の発想です。

青年　学級全体の病？

哲人　ええ、競争原理という名の病です。教育者に求められるのは、問題行動を起こす「個人」に目を向けることではなく、問題行動が起きる「共同体」に目を向けることです。そして個人を治療しようとするのではなく、**共同体そのものを治療していく**ことです。

青年　学級全体の肺炎なるものを、どう治療するのです!?

哲人　**賞罰をやめ、競争の芽をひとつずつ摘《つ》んでいくこと。学級から競争原理をなくしていくこと。**それしかありません。

青年　そんなもの、不可能だし逆効果だ！　お忘れですか、すでにわたしは「ほめない教育」に失敗しているのですよ！

哲人　……ええ、わかっています。それではこのあたりで一度、議論を整理しておきましょう。まずひとつ。強さや順位を競い合う競争原理は、おのずと**「縦の関係」**に行きつきます。勝者と敗者が生まれ、そこでの上下関係が生まれるわけですから。

青年　ええ、まあ。

哲人　一方、アドラー心理学の提唱する**「横の関係」**を貫くのは、協力原理です。誰とも競争することなく、勝ちも負けも存在しない。他者とのあいだに知識や経験、また能力の違いがあってもかまわない。学業の成績、仕事の成果に関係なく、すべての人は対等であり、他者と協力することにこそ共同体をつくる意味がある。

青年　そして先生は、それこそが民主主義国家だとおっしゃっているのですね？

哲人　ええ。**アドラー心理学は、横の関係に基づく「民主主義の心理学」**なのです。

人生は「不完全」からはじまる

青年　いいでしょう。対立点が明らかになってきました。先生は個人の問題ではなく、教室全体の問題だとおっしゃる。そこに蔓延する競争原理が、諸悪の根源なのだとおっしゃる。一方、わたしは個人に注目する。なぜか？　はっ、先生のお言葉を借りるなら「尊敬」ですよ。生徒たちはひとりの立派な人間として、固有の人格を持って存在しているのです。おとなしい子もいれば、にぎやかで明るい子、真面目な子、そして気性《きしょう》の激しい子と、さまざまな生徒がいる。無個性な「集まり」ではない。

哲人　もちろん、そうです。

青年　いや、あなたは民主主義を口にしながら、子どもたち一人ひとりを見ようとせず、集団で見ようとしている。さらには「システムを変えればすべてが変わる」と説いておられる。さながら共産主義者のようにね！

わたしは違います。システムなんてどうでもいいし、それが民主主義だろうと共産主義だろうと、なんでもいい。学級全体の肺炎ではなく、あくまでも個人の肺炎に向き合います。

哲人 ずっとそうしてきたのですからね。

青年 じゃあ、具体的にどうやって肺炎を治療していくのか？ ここも対立点だ。わたしの答えは、「承認」ですよ。承認欲求を満たしてあげることですよ。

哲人 ほう。

青年 わかっています。先生が承認欲求を否定することは、よくわかっています。でも、わたしは承認欲求を積極的に認める。これは実地での経験を踏まえた結論ですから、そう簡単には譲れませんよ。子どもたちは承認を求めて肺を病み、凍《こご》えきっているのです。

哲人 理由を説明していただけますか？

青年 **アドラー心理学では、承認欲求を否定する。**なぜか？ 承認欲求にとらわれた人間は、他者から認めてもらうことを願うあまり、いつの間にか他者の要望に沿った人生を生きることになる。すなわち、**他者の人生を生きることになる。**

けれども人間は、誰かの期待を満たすために生きているのではない。その対象が親であれ、教師であれ、ほかの誰かであれ、**「あの人」の期待を満たす生き方を選んではならない。**そうでしたね？

哲人　ええ。

青年　他者からの評価ばかりを気にしていると、自分の人生を生きることができなくなる。自由を奪われた生き方になってしまう。われわれは自由であらねばならない。そして自由を希求《ききゅう》しようと思うなら、承認を求めてはいけない。……この理解で間違っていませんね？

哲人　間違っていません。

青年　すばらしい、なんとも勇ましい話じゃありませんか。しかしですね、残念ながらわれわれは、そんなに強くなれないのですよ！　あなたも、実際に生徒の日常を観察すればわかります。彼らは精いっぱい強がっていますが、内心はとてつもなく大きな不安を抱えている。どうやっても自分に自信が持てず、劣等感に苦しんでいる。他者からの承認を必要としているのです。

哲人　おっしゃるとおりです。

青年　軽々しく同意するんじゃない、この時代遅れのソクラテスめ！　いいですか、先生。あなたの語る人間は、しょせんすべてがダビデ像なんだ！

哲人　ダビデ像？

青年　そう、ミケランジェロのダビデ像はご存じでしょう？　筋骨隆々《きんこつりゅうりゅう》として均整の取れた、ひとつまみの贅肉《ぜいにく》も見当たらない、まさに理想としての造形ですよ。しかし、それは血の通わぬ究極の理想像であって、現実に存在する人間ではない。生きた人間は胃も痛めるし、血も流す！　あなたはいつも理想のダビデ像を見ながら人間を語っている！

哲人　ふっふっふ、おもしろい表現です。

青年　片や、わたしが問題にしているのは、現実に生きる人間です。繊細で個性豊かな、どこまでも不器用な柔肌《やわはだ》の子どもたちなのです！　彼らは個別に、そしてもっと健全なかたちで承認欲求を満たしてあげる必要がある。すなわち、ほめる必要がある。そうでなければ、くじかれた「勇気」を取り戻せない！

あなたは善人の仮面を被《かぶ》りながら、ちっとも弱き者に寄り添おうとしない。雄々《おお》しい獅子《しし》の理想論を唱えるだけで、人間に寄り添っていない！

哲人　なるほど。わたしの話が現実離れした理想論に聞こえたとしたら、それは本意ではありません。哲学とは、理想は理想として追い求めながら、地に足のついた論考でなければならない。アドラー心理学が承認欲求を認めない理由について、別の角度から考えてみましょう。

青年　ふん、ソクラテスらしく、弁明してみることですね！

哲人　ちょうどあなたの挙げた、劣等感というキーワードが手がかりになります。

青年　ほほう、劣等感を語りますか。いいでしょう。わたしは劣等感の大家《たいか》ですよ？

哲人　まず、**われわれ人間は子ども時代、ひとりの例外もなく劣等感を抱えて生きている**。これがアドラー心理学の大前提です。

青年　ひとりの例外もなく？

哲人　ええ。人間は、心の成長よりも身体の発達のほうが遅い、おそらく唯一の生きものです。他の生物では、心と身体の成長速度が一致しているのに、人間だけは心が先に成長し、身体の発達が後れをとる。ある意味これは、手足を縛られて生きているようなものです。心は自由でありながら、身体の自由がきかないのですから。

青年　ほう、おもしろい視点だ。

哲人　その結果、人間の子どもたちは心理面での「やりたいこと」と、肉体面での「できること」のギャップに苦しむことになります。周囲の大人たちにはできるのに、自分にはできないことがある。大人たちが手を伸ばす棚に、自分は手が届かない。大人たちが持ち上げる石を、自分は持ち上げられない。年長者が語り合う話題に、自分は参加できない。

……この無力感、もっといえば**「自らの不完全さ」を経験する子どもたちは、原理的に劣等感を抱かざるをえない**のです。

青年　あらかじめ「不完全な存在」として、人生がスタートしていると？

哲人　ええ。もちろん子どもたちは、人間として「不完全」なのではありません。ただ、心の成長に、身体が追いついていないだけです。しかしながら、大人たちは身体的な条件だけを見て「子ども扱い」をしてきます。子どもたちの心を見ようとしないのです。劣等感に苦しめられるのは当然でしょう。心は大人と変わらないのに、人間的な価値を認められないのですから。

青年　すべての人間は「不完全な存在」としてスタートし、ゆえに誰もが劣等感を経験する。なかなか悲観的なご意見だ。

哲人　悪いことばかりではありません。この劣等感はハンディキャップではなく、常に努力と成長の促進剤となってきました。

青年　ほう、どんな?

哲人　もしも人間が馬のように足が速ければ、馬車を発明することはなかったし、自動車の発明もなかったでしょう。鳥のように空を飛ぶことができれば、飛行機は発明されなかったでしょう。白熊のような毛皮を持っていれば防寒着を発明することもなく、イルカのように泳ぐことができれば船も羅針盤《らしんばん》も必要なかったに違いありません。

文明とは、人間の生物学的な弱さを補償《ほしょう》するための産物《さんぶつ》であり、人類史とは劣等性を克服する歩みなのです。

青年　人間は弱かったからこそ、これだけの文明を築き上げた?

哲人　ええ。さらにいうならば、**人間はその弱さゆえに共同体をつくり、協力関係のなかに生きています。**狩猟採集時代のむかしから、われわれは集団で生活し、仲間と協力して獲物を狩り、子どもたちを育ててきました。協力したかったのではありません。もっと切実に、**単独では生き**

ていけないほど、弱かったのです。

青年　人間は、その「弱さ」ゆえに集団を形成し、社会を構築した。われわれの力と文明は、「弱さ」の賜物《たまもの》なのだと。

哲人　逆にいうと、人間にとって孤立ほど恐ろしいものはありません。孤立した人間は、身の安全が脅《おびや》かされるにとどまらず、心の安全までも脅かされてしまう。ひとりでは生きていけないことを本能的に熟知しているのですから。ゆえにわれわれはいつも、他者との強固な「つながり」を希求し続けている。……この事実がなにを意味するかわかりますか？

青年　……いや、なんです？

哲人　**すべての人には共同体感覚が内在し、それは人間のアイデンティティと深く結びついている**のです。

青年　なんと！

哲人　甲羅《こうら》のない亀など想像できないように、あるいは首の短いキリンなど想像できないように、他者から切り離された人間などありえない。**共同体感覚は「身につける」ものではなく、己の内から「掘り起こす」ものであり、だからこそ「感覚」として共有できるのです。**アドラーはこう指摘しています。「共同体感覚は、つねに身体の弱さを反映したものであり、それとは切り離すことができない」と。

青年　人間が抱える「弱さ」ゆえの、共同体感覚……。

哲人　人間は、身体的には弱い。しかしその心は、どんな動物にも負けないほど強い。仲間内での競争に明け暮れることが、どれだけ自然の理《ことわり》に反したことか、よくおわかりになったでしょう。共同体感覚とは、雲に浮かんだ理想ではありません。われわれ人間に内在する、生の根本原理なのです。

共同体感覚！　あれほど理解に苦しみ、その内実が不透明だったアドラー心理学の鍵概念が、いまここに明らかになった。人間はその身体的な弱さゆえに共同体をつくり、協力関係のなかに生きている。人間はつねに他者との「つながり」を希求している。すべての人の心には、共同体感覚が内在しているのだ。哲人は言う。自らの共同体感覚を掘り起こせ、他者との「つながり」を希求せよ、と。……青年はかろうじて問いを投げかけた。

「わたしであること」の勇気

青年　し、しかし、その劣等感と共同体感覚の存在が、なぜ承認欲求を認めないことにつながるのです？　むしろ逆に、互いを承認していくことで、つながりを強めるはずでしょう。

哲人　では、ここで再び「問題行動の5段階」を思い出してください。

青年　……ええ。ちゃんと帳面に書き留めています。

哲人　生徒たちが「称賛の要求」に走り、「注目喚起」や「権力争い」に打って出る、その目的はなにか。覚えていますか？

青年　自分のことを認めてほしい、そして学級のなかで特別な地位を得たい。そうでしたよね？

哲人　はい。では、特別な地位を得るとはなにか。なぜそれを求めるのか。あなたのご意見はいかがですか？

青年　尊敬されたいとか、一目置かれたいとか、そういうことでしょう。

哲人　厳密には違います。**アドラー心理学では、人間の抱えるもっとも根源的な欲求は、「所属感」だと考えます。**つまり、孤立したくない。「ここにいてもいいんだ」と実感したい。孤立は社会的な死につながり、やがて生物的な死にもつながるのですから。では、どうすれば所属感を得られるのか？

……共同体のなかで、特別な地位を得ることです。「その他大勢」にならないことです。

青年　「その他大勢」にならないこと？

哲人　そうです。かけがえのない「このわたし」が、「その他大勢」であってはならない。いつ、いかなるときでも自分だけの居場所が確保されていなければならない。「ここにいてもいいんだ」という所属感に、揺らぎがあってはいけないのです。

青年　だったら、ますますわたしの主張が正しくなる。ほめて、その切実なる承認欲求を満たすことによって、「きみは不完全な存在じゃない」「きみには価値があるんだ」と伝えていく。それ以外に道はない！

哲人　いいえ。残念ながら、その先にほんとうの「価値」は実感できません。

青年　なぜです？

哲人　**承認には、終わりがないのです。**他者からほめられ、承認されること。これによって、つかの間の「価値」を実感することはあるでしょう。しかし、そこで得られる喜びなど、しょせん外部から与えられたものにすぎません。他者にねじを巻いてもらわなければ動けない、ぜんまい仕掛けの人形と変わらないのです。

青年　そ、そうかもしれませんが……。

哲人　ほめられることでしか幸せを実感できない人は、人生の最後の瞬間まで「もっとほめられること」を求めます。**その人は「依存」の地位に置かれたまま、永遠に求め続ける生を、永遠に満たされることのない生を送ることになる**のです。

青年　ではどうするのです!?

哲人　他者からの承認を求めるのではなく、**自らの意思で、自らを承認する**しかないでしょう。

青年　自らを承認する!?

哲人　「わたし」の価値を、他者に決めてもらうこと。それは依存です。一方、**「わたし」の価値を、自らが決定すること。これを「自立」と呼びます。**幸福な生がどちらの先にあるか、答えは明らかでしょう。あなたの価値を決めるのは、ほかの誰かではないのです。

青年　そんなもの不可能でしょう！　われわれは自分に自信が持てないからこそ、他者からの承認を必要としているのですよ！

哲人　おそらくそれは、**「普通であることの勇気」が足りていない**のでしょう。ありのままでいいのです。「特別」な存在にならずとも、優れていなくとも、あなたの居場所はそこにあります。平凡なる自分を、「その他大勢」としての自分を受け入れましょう。

青年　……わたしはなんら優れたところのない、平凡な「その他大勢」だと?

哲人　違いますか?

青年　……ふっふっふ。よくもぬけぬけと、そんな侮辱を口にできたものだ。……いまわたしは、人生で最大の侮辱に出遭いましたよ。

哲人　侮辱ではありません。わたしだって普通の人間です。そして「普通であること」は、なんら恥ずべきところのない、ひとつの個性です。

青年　軽口を叩くな、このサディストめ!「お前はどこにでもいる平凡な人間だ」などと言われて、侮辱を覚えない現代人がどこにいる!!「それも個性だ」などと慰《なぐさ》めを受けて、真《ま》に受ける人間がどこにいる!!

哲人　もしもこの言葉を侮辱と感じるのなら、あなたはまだ「特別なわたし」であろうとしているのでしょう。それゆえ、あなたは他者からの承認を求めている。それゆえ、称賛を求めたり、注目喚起に走ったり、いまだ問題行動の枠内に生きている。

青年　ふ、ふざけるな!

哲人　いいですか、**「人と違うこと」に価値を置くのではなく、「わたしであること」に価値を置く**のです。それがほんとうの個性というものです。「わたしであること」を認めず、他者と自分を引き比べ、その「違い」ばかり際立たせようとするのは、**他者を欺《あざむ》き、自分に嘘をつく生き方**に他なりません。

青年 他者との「違い」を強調するのではなく、たとえ凡庸《ぼんよう》であっても「わたしであること」に価値を置け……？

哲人 ええ。あなたの個性とは、相対的なものではなく、絶対的なものなのですから。

青年 ……じゃあ、その個性とやらについて、わたしがたどりついた結論をお話ししましょう。学校教育の限界を示すような結論を。

哲人 ほう、ぜひお聞かせください。

その問題行動は「あなた」に向けられている

青年 ……これは言おうか言うまいかずっと迷っていたのですが、この流れだ。白状してしまいましょう。わたしはね、心のどこかで、学校教育に限界を感じているのですよ。

哲人 限界？

青年 ええ。われわれ教育者には「できること」の限界がある。

哲人 どういうことです？

青年 学級のなかには、明るく外向的な生徒もいれば、控《ひか》えめで目立たない生徒もいます。アドラーの言葉を使うなら、みんなそれぞれ固有のライフスタイル（世界観）を持っている。同じ人間は、ひとりとしていません。それが個性ですよね？

哲人 はい。

青年 じゃあ彼らは、どこでそのライフスタイルを身につけたのか？　これは間違いなく、家庭でしょう。

哲人 たしかに。家庭の影響は大きいはずです。

青年 そして生徒たちは、いまなお一日の大半を家庭で過ごしている。しかも、ひとつ屋根の下、ありえないほどの近い距離で、「生活そのもの」を家族と共にしている。そこには教育熱心な親もいれば、子育てに積極的でない親もいるでしょう。両親が離婚している家庭、別居している家庭、死別している家庭だって少なくありません。当然、経済的な条件も違うし、わが子を虐待《ぎゃくたい》する親さえいるわけです。

哲人　ええ、残念ながら。

青年　一方、われわれ教師がひとりの生徒にコミットできる期間は、卒業までの数年間でしかありません。ほぼ一生にわたってコミットできる親とは、前提条件が違いすぎるのです。

哲人　それであなたの結論は？

青年　まず、人格形成まで含むような「広義の教育」は、家庭の責任である。すなわち、暴力的な問題児がいたとした場合、そういう子どもに育てた一義的な責任は、親にある。これは間違っても学校側の責任ではありません。そして、われわれ教師に期待された役割とは「狭義の教育」、つまり教科レベルでの教育でしかない。それ以上のところには、関与できない。忸怩《じくじ》たる思いはありますが、それが現実であり、結論なのです。

哲人　なるほど。おそらくアドラーは、その結論を即座に却下するでしょう。

青年　なぜ？　どうやって!?

哲人　あなたの導き出した結論が、子どもたちの人格を無視していると言わざるをえないからです。

青年　人格を無視している？

哲人　**アドラー心理学では、人間のあらゆる言動を対人関係のなかで考えます。**たとえば、リストカットなどの自傷行為に走る人がいたとき、その行為がなにもない虚空《こくう》に向かってなされていることは考えません。誰かに向けて、自らを傷つけている。問題行動の「復讐」で見たように。つまり、あらゆる言動にはそれが向けられる「相手」がいると考えるのです。

青年　それで？

哲人　一方、あなたの受け持つ生徒たちが、家庭のなかでどんな振る舞いをしているのか。これは、その家庭のなかにいないわれわれにはわかりえません。

しかし、おそらく学校とまったく同じ顔をしているわけではないでしょう。親に見せる顔と、教師に見せる顔、友だちに見せる顔、先輩や後輩に見せる顔、すべてが同じという人はいないのですから。

青年　まあ、そうかもしれません。

哲人　そしていま、あなたの学級に問題行動をくり返す生徒がいる。その問題行動は誰に対して向けられたものなのか？　もちろん「あなた」です。

青年　なっ……!?

哲人　その生徒は、「あなたに見せる顔」の仮面を被ったときに、他の誰でもない「あなた」に向かって、その問題行動をくり返しているのです。親の問題ではありません。ひとえに、あなたと生徒の関係のなかで生じた問題なのです。

青年　家庭の教育は関係ないとでも!?

哲人　そこは「わかりえない」のだし、「介入しえない」のです。ともかく彼らはいま、あなたに向けて、「この教師の授業は妨害してやろう」とか「この教師に与えられた宿題は無視しよう」といった決心をしている。もちろん、学校では問題行動をくり返していながら、「親の前ではいい子にしていよう」と決心している場合もあります。これはあなたに向けられた行動なのですから、まずはあなたが受け止めなければなりません。

青年　わたしが、わたしの教室で解決せねばならない課題だと!?

哲人　間違いなく、そうです。彼らは、他の誰でもない「あなた」に、助けを求めているのですから。

青年　あの子たちは、他ならぬ「わたし」に向けて、その問題行動をくり返している……。

哲人　しかも、あなたの目の前で。あなたの視界に入るときを選んだ上で。家庭ではない別の「世界」に、すなわち教室に、居場所を求めている。あなたは尊敬を通じて、その居場所を示していかなければなりません。

なぜ人は「救世主」になりたがるのか

青年　……まったく、アドラーとは恐ろしいものですね！　もしもアドラーを知らなければ、わたしだってこんなに苦しむ必要はなかった。他の教師たちと同じく、叱るべき生徒を叱りつけ、ほめるべき生徒をほめちぎり、なんの疑問もないまま生徒たちを指導していた。生徒からも感謝され、教職を天職として全《まっと》うできた。いっそのこと、こんな理想など知らなければよかったとさえ思いますよ！

哲人　たしかに、一度アドラーの思想を知ってしまうと、もはや後戻りできなくなります。あなたと同じく、アドラーに触れた多くの人は「それは理想論だ」「非科学的だ」と切り捨てようとします。なのに、捨てられない。心のどこかに違和感が残る。自らの「嘘」を自覚せずにはいられなくなる。まさに**人生の劇薬**といえるでしょう。

青年　ここまでの議論を整理しましょう。まず、子どもを叱ってはならない。なぜなら、叱ることは、互いの「尊敬」を毀損する行為である。怒りや叱責は、それほどにもコストの低い、未熟で暴力的なコミュニケーション手段である。そうですね？

哲人　ええ。

青年　そしてまた、ほめてもいけない。ほめることは共同体のなかに競争原理を生み、子どもたちに「他者は敵である」というライフスタイルを植えつけることになる。

哲人　そのとおりです。

青年　さらに、叱ることとほめること、すなわち賞罰は子どもの「自立」を妨げる。なぜなら賞罰とは、子どもを自分の支配下に置こうとする行為であり、それに頼る大人たちは、心のどこかで子どもの「自立」を恐れている。

哲人　子どもには、いつまでも「子ども」であってほしい。それゆえ賞罰というかたちで子どもたちを縛りつける。「あなたのためを思って」「あなたのことが心配だから」という言い訳を用意して、子どもを子どものままにとどめようとする。……こうした大人たちの態度にはいっさいの尊敬が存在せず、良好な関係も築けません。

青年　それだけじゃありません。アドラーは「承認欲求」まで否定する。他者からの承認ではなく、自らの、自らによる承認に切り替えよとおっしゃる。

哲人　ええ。これは自立の文脈で考えるべき問題です。

青年　わかっています。「自立」とは、自らの手で自らの価値を決定することである。一方、自らの価値を他者に決めてもらおうとする態度、すなわち承認欲求は、ただの「依存」である。そうおっしゃるのですね？

哲人　そうです。自立という言葉を聞いたとき、それを経済的な側面ばかりから考える人がいます。しかし、**たとえ10歳の子どもであっても、自立することはできる。50歳や60歳であっても、自立できていない人もいる。**自立とは、精神の問題なのです。

青年　……いいでしょう。たしかに見事な論理ですよ。少なくともこの書斎で語り合う哲学としては、まったく非の打ち所がない。

哲人　でも、あなたは「この哲学」に満足しない。

青年　……ふっふっふ、そう。哲学に終わらせず、この書斎の外、とくにわたしの教室で通用する、実学にまで落とし込まなければ納得できません。

先生、あなたはわたしにアドラーを吹き込んだ張本人です。無論、最終的な決断を下すのは、わたしの仕事でしょう。しかし、「あれをしてはいけない」「これをしてはいけない」と禁止《きんし》則《そく》を並べるだけでなく、なにかしらの選択肢を示していただかなければ困ります。このままだとわたしは、賞罰教育にも戻れず、かといってアドラーの教育を信じ抜く覚悟もない！

哲人　おそらく、答えはシンプルです。

青年　そりゃあ、あなたにとっての答えはシンプルでしょう。「アドラーを信じろ、アドラーを選べ」と、それだけなのですから。

哲人　いいえ。アドラーを捨てるか否かは、もはやどちらでもかまいません。いちばん大切なことは、ここで一度教育の話から離れることです。

青年　教育から離れる!?

哲人　ひとりの友人として申し上げます。あなたは今日、ずっと教育の話をされているが、ほんとうの悩みはそこではない。あなたはまだ、幸せになれていない。**「幸せになる勇気」を持ちえていない。**そして、あなたが教育者の道を選んだのは、子どもたちを救いたかったからではない。子どもたちを救うことを通じて、自分が救われたかったのです。

青年　なんですって!?

哲人　**他者を救うことによって、自らが救われようとする。自らを一種の救世主に仕立てることによって、自らの価値を実感しようとする。**これは劣等感を払拭《ふっしょく》できない人が、しばしばおちいる優越コンプレックスの一形態であり、一般に**「メサイヤ・コンプレックス」**と呼ばれています。メサイヤ、すなわち他者の救世主たらんとする、心的な倒錯です。

青年　ふ、ふざけるな!!　突然なにを言い出すのですか!

哲人　そうやって怒りに声を荒げるのも、劣等感の表れでしょう。人は自らの劣等感を刺激されたとき、怒りの感情を用いて解決しようとするものです。

青年 ええい、この……!!

哲人 大切なのは、ここからです。不幸を抱えた人間による救済は、自己満足を脱することがなく、誰ひとりとして幸せにしません。実際、あなたは子どもたちの救済に乗り出しながら、いまだ不幸の只中《ただなか》にいる。自分の価値を実感することだけを願っている。だとすれば、これ以上教育論をぶつけ合っても意味がない。まずは、あなたが自らの手で幸せを獲得すること。そうしないことには、ここでの議論はすべて不毛な、ただの罵り合いに終わりかねません。

青年 不毛だと!? この議論が不毛だと!?

哲人 もしもあなたが、このまま「変わらないこと」を選ぶのなら、わたしはその決断を尊重します。いまの自分のまま、学校に戻ればいいでしょう。しかし、もしも「変わること」を選ぶとすれば、その日は今日しかありません。

青年 ……。

哲人 これはもはや仕事や教育を超えた、あなたの人生そのものを問うテーマなのです。

教育の議論から離れろ。お前は子どもたちを救いたいのではなく、教育を通じて、不幸の渦中《かちゅう》にいる自分自身を救いたかったのだ。……青年にとって、この言葉は教育者としての自分を全否定する辞職勧告に等しかった。アドラーの照らす光に眼を開かれ、あらゆる困難を乗り越え教育の道を志したわたしに対し、よもやこんな仕打ちが待っていようとは！　そしてふと、青年は思った。……ソクラテスに死罪を宣告したアテナイの人々は、こんな気持ちだったのだろう。この男は、あまりに危険すぎる。この不徳漢《ふとくかん》を放置していたら、やがて世界はニヒリズムの毒に侵《おか》されてしまうだろう。

教育とは「仕事」ではなく「交友」

青年　……いや先生、あなたはわたしの自制心に感謝しなきゃなりませんよ。もしもわたしがあと10歳、いや5歳でも若く、これだけの自制心が備わっていなければ、いまごろあなたの鼻骨《びこつ》はこの拳でへし折られていたことでしょう。

哲人　ふっふっふ、おだやかではありませんね。たしかに、そう。アドラーも相談者から暴力を受けたことがありますよ。

青年　そういうこともあるでしょうね！　こんな暴論を唱えているようじゃ、当然の報いだ！

哲人　あるときアドラーは、重度の精神障害を患った少女を診《み》ることになりました。もう8年間も症状に苦しみ、2年前からは入院生活を余儀なくされていた少女です。はじめて会ったときの彼女は「犬のように吠《ほ》え、つばを吐き、服を破り、ハンカチを食べようとした」といいます。

青年　……それはもう、カウンセリングの範疇《はんちゅう》ではない。

哲人　ええ。入院先の担当医もさじを投げるほど重篤な症状でした。そしてアドラーに、「あなたなら治すことができるか？」と声がかかったわけです。

青年　アドラーは治したのですか？

哲人　はい。最終的に彼女は社会復帰を果たし、自分で生計を立て、周囲の人たちと調和して暮らすまでに快復《かいふく》しました。アドラーは「(現在の)彼女を見た誰も、彼女がかつて精神を患っていたとは信じないだろう」と語っています。

青年　いったい、どんな魔法を使ったのですか？

哲人　アドラー心理学に魔法はありません。アドラーは、ただひたすら語りかけました。最初の8日間、彼は毎日彼女と面会して語りかけましたが、彼女はひと言たりとも言葉を発しませんでした。その後も日をおきながらカウンセリングを続けた30日後、かなり混乱した、理解できないかたちではあったものの、彼女はようやく言葉を語りはじめたそうです。

アドラーは、彼女が犬のように振る舞っていた理由について、こう理解していました。彼女は、自分の母親から「犬のように扱われた」と感じた。ほんとうに犬のように扱ったかどうかは、わかりません。しかし少なくとも彼女は、そう「感じた」のです。そして母親への反発として、「いっそ犬の役を演じてやれ」と無意識のうちに決心した。

青年　いわば、一種の自傷行為として？

哲人　おっしゃるとおり、まさに自傷行為です。人間としての尊厳を傷つけられ、その傷口を自らの手でえぐっていったわけです。だからこそアドラーは、対等な人間として、根気強く語りかけていきました。

青年　……なるほど。

哲人　さて、そうやってカウンセリングを続けていたある日、彼女が突如殴りかかってきました。このとき、アドラーはどうしたか？　……彼はいっさい抵抗することなく、彼女の打つにまかせました。そして勢いあまった彼女がガラス窓を割り、指に怪我をすると、アドラーは黙って包帯を巻いたのです。

青年 ふふふ。まるで聖書に出てくるようなエピソードじゃありませんか！　あなた方は、そうやってアドラーを聖人に仕立て上げようとしているのでしょう。ははは、残念ですがわたしはだまされませんよ！

哲人 無論、アドラーは聖人ではありませんし、この場合も道徳的観点から「無抵抗」の道を選んだのではありません。

青年 それでは、なぜ抵抗しなかったのです？

哲人 アドラーは、彼女がはじめて言葉を発したとき、**「わたしは彼女の友人である」と感じた**といいます。そして理由もなく殴られたときも、ただ「友好的な目」で見つめていたのだそうです。つまりアドラーは、仕事として、職業人として彼女と向き合っていたのではなく、**ひとりの友人として向き合っていた**のです。

長く心を患ってきた友人が、精神に混乱をきたして、殴りかかってきた。……そんな場面を考えてみれば、アドラーの行動が決して特殊ではないことが理解できるでしょう。

青年 ……まあ、ほんとうに友人であれば。

哲人 さて。ここで再びわれわれは、思い出さなければなりません。「カウンセリングとは自立に向けた再教育であり、カウンセラーとは教育者である」。さらには「教育者とは、カウンセラーである」という定義を。

カウンセラーであり、教育者だったアドラーは、「ひとりの友人」として、相談者と向き合っていました。だとすればあなたも、**生徒たちと「ひとりの友人」として、向き合うべきでしょう。**あなたも教育者であり、カウンセラーなのですから。

青年　はっ⁉

哲人　あなたがアドラー的な教育に失敗し、さらにはいまだ幸せを実感できていない理由は、簡単です。**仕事、交友、愛の3つからなる「人生のタスク」を回避しているから**です。

青年　人生のタスクを⁉

哲人　あなたはいま、「仕事」として生徒たちと向き合おうとしている。しかし、アドラーが身をもって示しているように、生徒たちとの関係は「交友」なのです。そこのボタンを掛け違えたままでは、教育がうまくいくはずなどありません。

青年　ば、馬鹿を言っちゃいけませんよ‼　あの子たちと友達のように振る舞えと⁉

哲人　そうであるかのように「振る舞う」のではありません。ほんとうの意味での「交友」の関係を築き上げるのです。

青年　それは違う！　わたしはプロの教育者としての誇りを持っている。プロであり、報酬を伴う「仕事」であるからこそ、その重責《じゅうせき》を全うできるのです！

哲人　おっしゃりたいことは、よくわかります。しかし、わたしの意見は変わりません。あなたが生徒たちと築くべき関係は「交友」です。

3年前には人生のタスクについて、あまり深いところまでお話しできませんでした。人生のタスクを理解すれば、きっとわたしが最初に申し上げた「人生における最大の選択」という言葉の意味もわかってもらえるはずです。そしてあなたがつかむべき、「幸せになる勇気」についても。

青年　もし納得できなければ？

哲人　アドラーを捨て、わたしを捨て去るといいでしょう。

青年　……おもしろい。それだけ自信がおありなのですね？

第四部

与えよ
さらば与えられん

哲人の書斎には、時計が置かれていなかった。ここまでの議論に、いったいどれだけの時間が費やされたのだろう。これから夜明けまで、あと何時間くらいが残されているのだろう。青年は腕時計を忘れた自分のしくじりを呪いつつ、先ほど交わされた議論を反芻《はんすう》してみた。……メサイヤ・コンプレックスだと？ 生徒たちと「交友」の関係を築けだと？ 冗談じゃない！ この男は、わたしがアドラーを誤解していると言ったが、お前のほうこそわたしを誤解している！ 人生のタスクを回避し、他者との交わりを回避しているのは、この書斎に閉じこもるお前のほうだ！

すべての喜びもまた、対人関係の喜びである

青年 わたしはいま、不幸の只中にいる。わたしは学校教育に悩んでいるのではなく、ただ人生

に悩んでいる。そしてその理由は「人生のタスク」を回避していることにある。……あなたはそうおっしゃるわけですね？

哲人　簡単にまとめるならば。

青年　しかも、生徒たちと「仕事」として向き合うのではなく、「交友」の関係を築けとおっしゃる。こちらの理由は、もっとくだらない。要するに、「アドラーもそうしたから」だと。アドラーは、ひとりの友人として相談者と向き合っていた。あのアドラー様がそうしているのだから、お前もそうすべきなのだ。……こんな理由で納得できると思いますか？

哲人　もしもわたしの拠《よ》って立つところが「アドラーもそうしたから」だけであれば、到底納得できないでしょう。当然ですが、論拠は別のところにあります。

青年　そこを明らかにしていただかないと、ただの言いがかりですよ。

哲人　わかりました。アドラーは、**ひとりの個人が社会で生きていくにあたって、直面せざるをえない課題を「人生のタスク」と呼んでいました。**

青年　わかっています。仕事のタスク、交友のタスク、愛のタスクですね。

哲人　そう。ここで重要なポイントは、それが対人関係の課題である、という点です。たとえば「仕事のタスク」と言った場合にも、労働すること自体を課題と考えるのではなく、そこにまつわる対人関係に注目する。その意味では、**「仕事の関係」「交友の関係」「愛の関係」**という言葉で考えたほうが、わかりやすいかもしれません。

青年　つまり、「行為」ではなく「関係」に注目しろと。

哲人　ええ。それではなぜ、アドラーは対人関係に注目するのか。これはアドラー心理学の根幹にかかわる議論です。おわかりになりますか？

青年　アドラーによる「苦悩」の定義、すなわち**「すべての悩みは、対人関係の悩みである」**という言葉が前提にあるからでしょう。

哲人　そのとおりです。この定義についても、若干の説明が必要でしょう。そもそも「すべての悩み」が「対人関係の悩み」だと断言できる理由はどこにあるのか？　アドラーによると……。

青年　ああ、回りくどい！　わたしが端的に説明しますから、さっさと済ませましょう。「すべての悩みは、対人関係の悩みである」。この言葉の真意はね、逆から考えるといいのです。

もし仮に、宇宙に「わたし」ひとりしか存在しなかったら、どうなるか？　おそらくそこは、言語も論理も存在しない世界でしょう。競争もなければ嫉妬もなく、かといって孤独もない。人間は「わたしを疎外する他者」の存在があってはじめて、孤独を実感できるのですからね。ほんとうの「ひとり」であれば、孤独も生まれません。

哲人　ええ、孤独は「関係」のなかにだけ、存在します。

青年　しかし、こんな仮定がありえないこともまた事実です。われわれが他者から切り離されて生きることなど、原理的に不可能なのですから。すべての人間は母胎《ぼたい》から生まれ、乳を飲んで育つ。自分ひとりでは、食事はおろか、寝返りひとつ打つことができない状態で生まれる。

そして赤ん坊のわれわれが目を開き、他者——多くの場合、それは母親でしょう——の存在を確認した瞬間、そこに「社会」が生まれる。さらには父親、きょうだい、また家族以外の他者が現れ、社会はますます複雑化してくる。

青年 社会の誕生、すなわちそれは「苦悩」の誕生です。社会のなかでわれわれは、衝突、競争、嫉妬、孤独、さらには劣等感など、さまざまな苦悩にさらされる。「わたし」と「あの人」とのあいだに、不協和音が鳴り響く。あの、あたたかな羊水《ようすい》に包まれていた静寂の日々に戻ることは、二度とかなわない。騒々しい人間社会に生きるしかないのです。

哲人 ええ。

他者が存在しなければ、悩みも存在しない。しかし、他者から逃れることなど絶対にできない。つまり、人間の抱える「すべての悩み」は、対人関係の悩みである。……この理解にどこか問題がありますか？

哲人 いいえ、見事にまとめてくださっています。ただ、ひとつだけ補足させてください。すべての悩みが対人関係であるのなら、その他者との関係を断ち切ってしまえばいいのか？ 他者を遠ざけ、自室に引きこもっていればいいのか？

それは違います。まったく違います。なぜなら、**人間の喜びもまた、対人関係から生まれる**のです。「宇宙にひとり」で生きる人は、悩みがない代わりに喜びもない、扁平《へんぺい》な一生を送ることになるでしょう。

アドラーの語る「すべての悩みは、対人関係の悩みである」という言葉の背後には、**「すべての喜びもまた、対人関係の喜びである」という幸福の定義が隠されている**のです。

青年　だからこそわれわれは、「人生のタスク」に立ち向かわなければならない。

哲人　そうなります。

青年　いいでしょう。それで、さっきの質問ですよ。どうしてわたしは生徒たちと「交友」の関係を築かなきゃならんのです？

哲人　そうですね。そもそも「交友」とはなにか。なぜわれわれには「交友」のタスクが課せられるのか。アドラーの言葉を頼りに考えましょう。「交友」についてアドラーは、こんなふうに語っています。**「われわれは交友において、他者の目で見て、他者の耳で聞き、他者の心で感じることを学ぶ」**のだと。

青年　それは先ほど出てきた……。

哲人　そう、共同体感覚の定義です。

青年　どういうことです？　われわれは「交友」の関係を通じて「人間知」を学び、共同体感覚を身につけていくのだと!?

哲人　いいえ、「身につける」という言葉は正しくありません。先にわたしは、共同体感覚について、すべての人に内在する「感覚」だと言いました。努力して身につけるものではなく、己《おのれ》の内から掘り起こすものだと。ですから正確には、「交友を通じて掘り起こす」です。

　われわれは「交友」の関係においてこそ、他者への貢献を試されます。「交友」に踏み出さない人は、共同体に居場所を見出すこともかなわないでしょう。

青年　ちょっと待ってください!

哲人　いや、結論まで続けます。このとき問題になるのが、いったいどこで「交友」を実践するのか、という点です。……もう答えはおわかりでしょう。**子どもたちが最初に「交友」を学び、共同体感覚を掘り起こしていく場所。それは、学校なのです。**

青年　ええい、待てと言っているでしょうが!　議論の展開が速すぎて、なにがなんだかわかりませんよ!　学校は「交友」を学ぶ場だから、あの子らと友達になれと!?

哲人　ここは多くの人が誤解するところですが、「交友」の関係とは、単なる友人関係にとどまるものではありません。友人とは呼べない仲であっても、「交友」の関係を結ぶことはよくあります。アドラーの語る「交友」とはなんなのか。それがなぜ、共同体感覚につながるのか。じっくり語り合っていきましょう。

「信用」するか？「信頼」するか？

青年　もう一度確認します。あの子らと、友達になれと言っているのではない。そこは間違いありませんね？

哲人　ええ。3年前、白銀の雪が降りしきる最後の日にわたしは、**「信用」と「信頼」の違い**について説明しました。覚えていますか？

青年　「信用」と「信頼」？　まったく話がくるくる変わる人だな。もちろん覚えていますし、いまでも気に留《と》めていますよ。あれはなかなか興味深い考察でしたからね。

哲人　それでは、あなたの言葉で振り返っていただきましょう。あなたなら、「信用」のことをどう説明しますか？

青年　そうですね。端的に言うなら、**「信用」とは相手のことを条件つきで信じること**です。たとえば銀行からお金を借りるとき。当然ながら銀行は、無条件に貸し出すようなことはしません。

不動産や保証人といった担保《たんぽ》を求め、その価値に応じた金額を貸し出す。しかも、けっこうな利息をつけてね。これは「あなたを信じているから貸す」のではなく、「あなたの用意した担保の価値を信じるから貸す」という態度です。要するに、「その人」を信じているのではなく、その人の持つ「条件」を信じている。

哲人 それに対して「信頼」とは？

青年 **他者を信じるにあたって、いっさいの条件をつけないこと**です。たとえ信じるに足るだけの根拠がなかろうと、信じる。担保のことなど考えず、無条件に信じる。それが「信頼」です。その人の持つ「条件」ではなく、「その人自身」を信じている。物質的な価値ではなく、人間的な価値に注目している、と言ってもいいでしょう。

哲人 なるほど。

青年 さらにわたしなりの解釈を付け加えるならば、これは「その人を信じる自分」を信じる、ということでもあります。自分の判断に自信がなければ、どうしたって担保のようなものを求めますからね。**自己信頼あっての、他者信頼**なのです。

哲人 どうもありがとう。見事にまとめてくださいました。

青年 ……なかなか優秀な生徒でしょう？ わたしだってね、アドラーを信奉していた時期は長かったし、文献《ぶんけん》をあさって学びもしました。そしてなにより、教育の現場で実践してきたのです。

無理解なまま感情的に拒絶しているわけじゃありません。

哲人　もちろんそうでしょう。ただ、ここは誤解しないでください。あなたはわたしの弟子でもなければ生徒でもありません。

青年　……ははっ!!　お前のような無礼者など、もはや弟子ではないと？　こりゃ傑作だ。アドラーを説く御方《おかた》が怒っていらっしゃる。

哲人　あなたは間違いなく、「知」を愛しておられる。疑うこと、自分の言葉で考えることをためらわず、より高次《こうじ》な理解に至ろうと、歩《ほ》を進めておられる。つまりあなたは、ひとりの愛知者であり、哲学者なのです。そしてわたしは上に立って教えを授ける人間ではなく、あなたと同じ地平で「知」を愛する、ひとりの哲学者にすぎません。

青年　師でもなければ弟子でもない、対等な哲学者なのだと？　ならば、あなたがご自身の誤りを認め、わたしの意見を取り入れることもありうるのですね？

哲人　もちろんです。あなたから多くのことを学びたいと思っていますし、事実、語り合うたびに新鮮な発見を得ています。

青年　ふっ。おだてたところで批判の手はゆるめませんがね。それで、なぜ「信用」と「信頼」の話をしたのです？

哲人　アドラーが掲げる、「仕事」「交友」「愛」という人生のタスク。これは対人関係の距離、そして深さによって線引きされるものでした。

青年　ええ。そうおっしゃっていましたね。

哲人　ただし、ひと口に「距離」と「深さ」と言っても、わかりにくいところがあります。誤解される部分も多かったでしょう。そこでシンプルに、こう考えるようにしてください。**仕事と交友は「信用なのか、信頼なのか」の違い**なのだと。

青年　信用と信頼？

哲人　そう。**仕事の関係とは「信用」の関係であり、交友の関係とは「信頼」の関係なのです。**

青年　どういう意味です？

哲人　仕事の関係とは、なんらかの利害、あるいは外的要因が絡《から》んだ、条件つきの関係です。たとえば、たまたま同じ会社にいるから協力する。人格的には好きではないが、取引先の人間だから関係を保つし、助けもする。しかしながら、仕事から離れてまでその関係を保とうとは思わない。まさに仕事という利害によって結ばれた、「信用」の関係です。個人的な好悪《こうお》を問わず、関係を結ばざるをえません。

一方、**交友には「この人と交友しなければならない理由」が、ひとつもありません**。利害もなければ、外的要因によって強制される関係でもない。あくまでも「この人が好きだ」という内発的な動機によって結ばれていく関係です。先ほどあなたの言った言葉を借りるなら、その人の持つ「条件」ではなく、「その人自身」を信じている。交友は、明らかに「信頼」の関係です。

青年　ああ、また面倒くさい議論だな。だったらなぜ、アドラーは「仕事」だの「交友」だのといった言葉を使ったのです？　最初から対人関係を「信用」と「信頼」、そして「愛」で語ればいいじゃありませんか。あなたは議論をややこしくして煙に巻こうとしているだけだ！

哲人　わかりました。それではなるべく簡単に、アドラーが「仕事」という言葉を選んだ理由を説明しましょう。

青年には確信があった。おそらくアドラーは、清貧《せいひん》を美徳とし、経済活動全般を卑《いや》しいものと見なしているのだろう。だからこそ仕事を軽んじ、「生徒たちと交友の関係を築け」などと言っているのだろう。とんだお笑いぐさである。青年は、自分が教育者であることと同じくらい、自分が職業人であることに誇りを持っていた。われわれは趣味や慈善ではなく、職業として教育に携《たずさ》わるからこそ、責任を持って職務を遂行できるのだ。すでにコーヒーは尽き、夜も更《ふ》けてきた。にもかかわらず青年の眼は、爛々《らんらん》と燃えさかっていた。

なぜ「仕事」が、人生のタスクになるのか

青年　では聞きます。そもそもアドラーは、仕事のことをどう評価していたのです？　仕事のこと、あるいは仕事を通じて金銭を稼ぐことを、軽蔑していたのではありませんか？　これはね、空疎《くうそ》な理想論に流れがちなアドラー心理学を、地に足のついた実論にしていくためにも欠かせない議論ですよ。

哲人　アドラーにとって、働くことの意味はシンプルでした。仕事とは、地球という厳しい自然環境を生き抜いていくための生産手段である。つまり仕事を、かなり「生存」に直結した課題だと考えていました。

青年　ふん。まあ、たしかに凡庸だ。要は「食うために働く」ということですね？

哲人　ええ。生き延びること、食いつなぐことを考えたとき、人間がなにかしらの労働に従事せねばならないのは、自明の理でしょう。その上でアドラーが注目したのは、「仕事」を成立させて

いる対人関係のあり方でした。

青年　仕事を成立させる対人関係？　どういう意味です？

哲人　自然界における人間は、鋭い牙《きば》も、大空を飛ぶ翼も、頑丈な甲羅も持たない、いわば身体的劣等性を抱えた存在です。だからこそわれわれは、集団生活を選び、外敵から身を守ってきました。集団で狩りをして、農耕に従事し、食糧を確保し、身の安全を守りながら子どもを育てて生きてきたわけです。……ここからアドラーが導き出した解は、見事のひと言です。

青年　どう結論づけたのです？

哲人　われわれ人間は、ただ群れをつくったのではない。**人間はここで「分業《ぶんぎょう》」という画期的な働き方を手に入れたの**だ。分業とは、人類がその身体的劣等性を補償するために獲得した、類《たぐ》い希《まれ》なる生存戦略なのだ。……アドラーの最終的な結論です。

青年　……分業⁉

哲人　群れをつくるだけであれば、多くの動物たちがやっていることです。しかし人間は、そこに高度な分業システムを組み込んだ上で群れをつくった。むしろ、分業するために社会を形成したと言ってもかまわない。アドラーにとっての「仕事のタスク」とは、単なる労働のタスクではありません。他者とのつながりを前提とした「分業のタスク」だったのです。

青年　他者とのつながりを前提としているからこそ、「仕事」は対人関係の課題である、と？

哲人　そうなります。人間はなぜ働くのか？　生存するためである。この厳しい自然を、生き抜くためである。人間はなぜ社会を形成するのか？　働くためである。分業するためである。生きることと働くこと、そして社会を築くことは不可分なのです。

青年　……ううむ。

哲人　アダム・スミスなど、経済学の立場から分業の意義を指摘する声は、アドラー以前からありました。しかし、心理学の分野で、しかも対人関係のあり方として分業の意義を唱えたのはアドラーがはじめてでしょう。このキーワードによって、人間にとっての労働の意味、そして社会の意味が明らかになったのです。

青年　……いや、これは非常に重要な話ですよ。もう少し詳しくお願いします。

哲人　アドラーの問いかけは、いつも大きなところからはじまります。彼の言葉を引きましょう。「もしもわれわれが、働かずともすべてを提供してくれる惑星に住んでいたのであれば、おそらく怠惰であることが徳であり、勤勉であることは悪徳だろう」。

青年　おもしろいことを言いますね！　……それで？

哲人　ところが、実際の地球はそういう環境にない。食糧には限りがあり、住む場所も誰かが提供してくれるわけではない。それではどうするのか？　……働くのです。しかもひとりで働くのではなく、仲間たちとともに。アドラーは、こう結んでいます。「論理的でコモンセンスに一致する答えは、**われわれは働き、協力し、貢献すべきである**、ということだ」と。

青年　あくまでも論理的な帰結だと。

哲人　ここで大切なのは、アドラーが労働それ自体を「善」と規定していないことです。道徳的な善悪にかかわらず、われわれは働かざるをえないし、分業せざるをえない。他者と関係を築かざるをえない。

青年　善悪を超えた結論なのですね。

哲人　要するに、**人間はひとりでは生きていけない**のです。孤独に耐えられないとか、話し相手がほしいとかいう以前に、生存のレベルで生きていけない。そして**他者と「分業」するためには、その人のことを信じなければならない**。疑っている相手とは、協力することができない。

青年　それが「信用」の関係だと？

哲人　ええ。人間には「信じない」という選択肢などありえません。協力しないこと、分業しないことなどありえないのです。その人が好きだから協力するのではなく、否《いや》が応《おう》でも協力せざるをえない関係。そう考えてもらうといいでしょう。

青年　おもしろい！　いや、これは見事だ！　……ようやく仕事の関係が腑《ふ》に落ちましたよ。生きるためには分業が必要であり、分業するためには、相互の「信用」が必要であると。しかもそこには選択の余地がない。われわれはひとりで生きていくことはできず、信用しない、という選択肢はありえない。関係を築かざるをえない。……そういうことですね？

哲人　ええ。まさに人生のタスクなのです。

いかなる職業にも貴賤《きせん》はない

青年　では、もっと突っ込んで聞きましょう。信用せざるをえない関係、あるいは協力せざるをえない関係。これは、労働の現場に限った話ではありませんよね？

哲人　ええ。いちばんわかりやすいところでは、運動競技のチームメイトなどは、典型的な分業の関係と言えるでしょう。試合に勝つためには、個人的な好悪を超えて協力せざるをえない。嫌いだから無視をするとか、仲が悪いから欠場するとか、そういった選択肢はありえない。試合が始まってしまえば、「好き」も「嫌い」も忘れてしまう。チームメイトのことを「友人」としてではなく、「機能」のひとつとして判断する。そして自分自身も、機能のひとつとして優秀であろうとする。

青年　……仲の良さよりも、能力が優先される。

哲人　そういう側面は避けられないでしょう。実際、アダム・スミスは、分業の根源にあるのは人間の「利己心《りこしん》」だと断言しているほどです。

青年　利己心？

哲人　たとえばここに、弓矢をつくる名人がいたとします。彼のつくった弓矢を使えば、命中率は格段に向上し、殺傷《さっしょう》能力も高くなる。けれども彼は、狩りの名人ではない。足も遅くて、視力も弱く、せっかく立派な弓矢がありながら、狩りがうまくいかない。……そこであるとき、彼は気づくわけです。「自分は弓矢づくりに専念しよう」と。

青年　ほう、なぜです？

哲人　弓矢づくりだけに専念すれば、1日のうちに何本何十本という弓矢をつくることができるでしょう。それを狩りの上手な仲間たちに配ってあげれば、彼らはいままで以上にたくさんの獲物を仕留めてくるでしょう。あとは、彼らが持ち帰った獲物を分けてもらえばいい。それがお互いにとって利益の最大化となる選択なのですから。

青年　なるほど、一緒に働くだけでなく、それぞれ得意分野を受け持つわけか。

哲人　狩りの名人たちも、精度の高い弓矢が手に入るのなら、それに越したことはないはずです。

自分は弓矢をつくらず、狩りだけに集中する。そして獲ってきた獲物を、みんなで山分けする。……こうして、「集団で狩りをすること」からもう一歩進んだ、より高次な分業システムが完成するわけです。

青年 たしかに合理的だ。

哲人 ここで大切なのは「誰ひとりとして自分を犠牲にしていない」ということです。つまり、純粋な利己心の組み合わせが、分業を成立させている。利己心を追求した結果、一定の経済秩序が生まれる。これがアダム・スミスの考えた分業です。

青年 分業社会においては、「利己」を極めると、結果としての「利他《りた》」につながっていく。

哲人 そういうことです。

青年 でも、アドラーは「他者貢献」を推奨するわけですよね？ 3年前、あなたは力強く断言していたはずです。他者への貢献をめざせ、それが人生の指針であり、「導きの星」だと。自分の利益を優先する考えは、「他者貢献」と矛盾しませんか？

哲人 まったく矛盾しません。まずは仕事の関係に踏み出す。他者や社会と利害で結ばれる。そうすれば、**利己心を追求した先に、「他者貢献」がある**のです。

青年 とはいえ、役割分担をしていけば、そこに優劣が生まれますよね？ つまり、重要な仕事を受け持つ者と、どうでもいい仕事を受け持つ者と。それは「対等」の原則から外れませんか？

哲人　いいえ、外れません。分業という観点に立って考えるなら、職業に貴賤はないのです。一国の宰相《さいしょう》、企業の経営者、農夫、工場労働者、あるいはそれを職業と見なされることの少ない専業主婦に至るまで、**すべての仕事は「共同体の誰かがやらねばならないこと」であり、われわれはそれを分担しているだけ**なのです。

青年　どのような仕事も等価である、と？

哲人　はい。分業について、アドラーはこんなふうに語っています。「人の価値は、共同体において割り当てられる分業の役割を、どのように果たすかによって決められる」と。

つまり、**人間の価値は、「どんな仕事に従事するか」によって決まるのではない。その仕事に「どのような態度で取り組むか」によって決まる**のだと。

青年　どのような態度で取り組むか？

哲人　たとえばあなたは、図書館司書という仕事を辞め、教育者の道を選びました。いま、あなたの目の前には何十人もの生徒たちがいて、彼らの人生を預かっている実感がある。とてつもなく大きな、そして社会に有用な仕事に就《つ》いた実感がある。ひょっとしたら、教育こそがすべてで、他の職業など取るに足らない些事《さじ》だとさえ、思っているかもしれない。

でも、共同体の全体で考えてみると、図書館司書も、中学校の教員も、あるいは他のさまざまな仕事も、すべて「共同体の誰かがやらねばならないこと」であり、そこに優劣はないのです。

優劣があるとすれば、その仕事に取り組む態度だけでしょう。

青年　その場合の、「仕事に取り組む態度」とは!?

哲人　原則として、分業の関係においては個々人の「能力」が重要視される。たとえば企業の採用にあたっても、能力の高さが判断基準になる。これは間違いありません。しかし、分業をはじめてからの人物評価、また関係のあり方については、能力だけで判断されるものではない。むしろ「この人と一緒に働きたいか？」が大切になってくる。そうでないと、互いに助け合うことはむずかしくなりますからね。

そうした「この人と一緒に働きたいか？」「この人が困ったとき、助けたいか？」を決める最大の要因は、その人の誠実さであり、仕事に取り組む態度なのです。

青年　じゃあ、誠実に、真摯《しんし》に取り組んでいれば、人の命を救うような仕事に従事する人と、他者の弱みにつけ込んで高利貸しを営む人も、価値は変わらないと？

哲人　ええ、変わりません。

青年　ほう！

哲人　われわれの共同体は、「ありとあらゆる仕事」がそこに揃い、それぞれの仕事に従事する人がいることが大切なのです。その多様性こそが、豊かさなのです。もしも価値のない仕事であれば、誰からも必要とされず、やがて淘汰《とうた》されます。淘汰されずに生き残っているということは、なにかしらの価値を有しているのです。

青年　ゆえに高利貸しにも価値があると？

哲人　そう考えるのが自然でしょう。なにより危険なのは、なにかが善で、なにかが悪であると、中途半端な「正義」を掲げることです。**正義に酔いしれた人は、自分以外の価値観を認めることができず、果てには「正義の介入」へと踏み出します。**そうした介入の先に待っているのは、自由の奪われた、画一的な灰色の社会でしょう。あなたはどのような仕事に就いてもいいし、他者もまた、どのような仕事に就いてもかまわないのです。

大切なのは「与えられたものをどう使うか」

青年　……おもしろい。あらためておもしろい概念ですよ、このアドラー流の「分業」ってやつは。自然界における人間は、あまりに弱く、とてもひとりで生きていくことができない。だからこそわれわれは群れをつくり、「分業」という働き方を手に入れた。分業すれば、マンモスだって倒せるし、農耕することも、住居を建てることもできる。

哲人　ええ。

青年　そして分業とは、好悪を超えて「他者を信用すること」からはじまる。われわれは分業しないと生きていけない。他者と協力しないと生きていけない。それは「他者を信用しないと生きていけない」ということでもある。それが分業の関係であり、「仕事」の関係である。

哲人　はい。たとえば、公道における交通ルール。われわれは「すべての人は交通ルールを守るはずだ」という信用に基づいて、青信号を渡ります。無条件に信頼しているわけではありません。一応は左右を確認します。それでもやはり、見知らぬ他者に一定の信用を置いている。ある意味これも、「円滑《えんかつ》な交通」という共通の利害にかなった、仕事の関係なのです。

青年　なるほど、そういうことでしょう。分業についてはいまのところ反論すべき点が見当りません。ただし、よもやお忘れではないでしょうね？　この議論は、わたしに対する「生徒たちと交友の関係を築くべきだ」という言葉から出発していたはずです。

哲人　ええ、忘れていません。

青年　でも、分業を踏まえて考えると、あなたの主張はますます理にかなわなくなる。いったいなぜ、わたしは生徒たちと交友の関係を結ぶのです？　どう考えても仕事の関係ではありませんか。わたしも生徒も、互いを選んだ覚えなどない。ただ機械的に割り当てられただけの、もともとは赤の他人だった関係です。しかし、われわれは協力せざるをえない。学級を運営し、卒業という目標をかなえるために。まさに共通の利害で結ばれた「仕事」の関係です。

哲人 もっともな疑問だと思います。ではここで、本日交わした議論をひとつずつ思い出していきましょう。教育の目標とはなにか？ 教育者の成すべき仕事とはなにか？ われわれの議論は、この問いから出発しました。

アドラーの結論はシンプルです。教育の目標は「自立」であり、教育者の成すべき仕事とは「自立に向けた援助」である。この点については、あなたも同意してくださったはずです。

青年 ええ、一応は認めています。

哲人 それでは、どうやって子どもたちの自立を援助するのか？ この疑問に対してわたしは「尊敬からはじめよ」という話をしました。

青年 おっしゃっていましたね。

哲人 なぜ尊敬なのか？ 尊敬とはなんなのか？ ここでわれわれは、エーリッヒ・フロムの言葉を思い出さなければなりません。つまり、尊敬とは「ありのままのその人を見ること」であり、「その人がその人であることに価値を置くこと」なのだと。

青年 もちろん覚えています。

哲人　ありのままのその人を尊重する。あなたは「あなた」のままでいいのだ。特別である必要はない。あなたが「あなた」であることには、それだけで価値があるのだ。尊敬を通じ、そう伝えることによって子どもたちは、くじかれた勇気を取り戻し、自立の階段を登りはじめます。

青年　たしかに、そういう議論でした。

哲人　さて。ここで浮かび上がってきた「ありのままのその人を尊重する」という尊敬の定義。その根底に流れるのは「信用」でしょうか、それとも「信頼」でしょうか。

青年　えっ？

哲人　自らの価値観を押しつけることなく、その人が「その人」であることを尊重する。なぜそんなことができるのかといえば、その人のことを無条件で受け入れ、信じているからです。**すなわち、信頼しているから**なのです。

青年　尊敬と信頼は、同義だと？

哲人　そう言ってかまわないでしょう。逆にいうと、尊敬していない相手のことを「信頼」することはできない。**他者のことを「信頼」できるか否かは、他者のことを尊敬できるか否かにかかっています。**

青年　ははあ、わかりましたよ。教育の入口は尊敬である。そして尊敬とは、信頼である。さらに、信頼に基づく関係とは、交友の関係である。そういう三段論法ですね？

哲人　そうなります。信用をベースにした仕事の関係では、生徒たちを尊敬することができないのです。まさに、いまのあなたのように。

青年　……いや、いいや、問題はそこじゃない。たとえば無二《むに》の親友に対して、無条件の信頼を置くこと。ありのままのその人を受け入れること。これであれば、十分可能でしょう。

問題は、信頼という「行為」ではなく、その「対象」です。あなたは、すべての生徒たちと交友の関係を築け、すべての生徒たちを無条件に信頼せよ、と言う。そんなこと、ほんとうに可能だと思っているのですか？

哲人　もちろんです。

青年　どうやって!?

哲人　たとえば、周囲のあらゆる人について「あの人のここが嫌いだ」「この人のこういうところが我慢ならない」と非難する人がいます。そして嘆くわけです。「ああ、わたしは不運だ。わたしは出会いに恵まれていない」と。

このような人たちは、ほんとうに出会いに恵まれていないのでしょうか？　違います。断固として、違います。仲間に恵まれないのではなく、ただ仲間をつくろうとしていないだけ、つまりは対人関係に踏み出そうとしていないだけなのです。

青年　……じゃあ、誰とでも仲間になれると？

哲人　なれます。あなたと生徒たちは、偶発的な要因によって、たまたまその場に居合わせただけの関係なのかもしれない。それまで互いの顔も名前も知らない、赤の他人だったのかもしれない。そしてまた、あなたの言うような無二の親友にはなれないのかもしれない。

しかし、アドラーの **「大切なのは、なにが与えられているかではなく、与えられたものをどう使うかである」** という言葉を思い出してください。**どんな相手であっても、「尊敬」を寄せ、「信じる」ことはできます。** それは環境や対象に左右されるものではなく、**あなたの決心ひとつによるもの**なのですから。

青年　あれですか？　また勇気の問題だとおっしゃるのですか？　信じる勇気だと！

哲人　ええ。すべてはそこに還元されます。

青年　違う！　あなたはほんとうの友情を知らないのです！

哲人　どういう意味です？

青年　あなたはほんとうの親友を持たず、ほんとうの友情を知らないからこそ、そんな絵空事を語れるのだ！　きっとあなたは、あらゆる他者と薄っぺらな付き合いしかしてこなかった。だから誰でもいいなどと言えるんだ！　対人関係から逃げ、人生のタスクから逃げてきたのは先生、他ならぬあなたです!!

この自然界において、人間はあまりにもちっぽけで、か弱い存在である。その弱さを補償するために、人間は社会をつくり、「分業」を生み出した。分業とは、人間ならではの類い希なる生存戦略なのだ。……これがアドラーの語る「分業」である。もしもここで話が終わっていたら、青年はアドラーに喝采《かっさい》を贈っていただろう。しかし、続いて哲人が語りはじめた「交友」には、まるで納得がいかなかった。あれだけ地に足のついた分業を語りながら、交友にテーマを変えた途端、けっきょく「理想」を説きはじめる！　しかもまた「勇気」を持ち出して！

あなたに親友は何人いるか

哲人　あなたには、無二の親友がいるわけですね？

青年　向こうがどう思っているかは、わかりません。しかし、あなたの言う「無条件の信頼」を寄せる友は、ひとりだけいます。

哲人　いったい、どんな方なのでしょう？

青年　大学時代の同級生です。やつは小説家志望でね、いつもわたしが最初の読者でした。周囲が寝静まった深夜、わたしの下宿先に突然訪ねてくるわけですよ。「短編を書き上げたから読んでくれ！」とか「おい、ドストエフスキーの小説にこんな一節があったぞ！」といった調子で。いまでも新作を書き上げるたびに送ってくれますし、わたしが教員の職を得たときも一緒に祝ってくれましたよ。

哲人　その彼は、最初から親友だったのでしょうか？

青年　そんなはずがないでしょう！　友情とは、時間をかけて育《はぐく》むものです。いきなり親友になるのではなく、ともに笑い、ともに驚き、ほんの少しばかりの共犯関係になり、ゆっくりと友情を育んで親友になっていったのです。ときに激しい衝突をくり返しながらね。

哲人　つまり彼は、どこかの段階で友人から「親友」に格上げされたのですね？　なにをもって彼のことを親友だと思うようになりましたか？

青年　ふん、どうでしょうね。あえて挙げるなら「こいつにだったら、腹を割ってすべてを話しても大丈夫だ」と、そんな確信が持てたときでしょう。

哲人　普通の友人には、腹を割ってすべてを話すことはできない？

青年　誰だってそうでしょう。人は誰しも、「社交の仮面」を被って生きている。本音を隠して生きている。会えば笑顔で冗談を交わす友人であっても、ほんとうの素顔を見せることはありません。話題を選び、態度を選び、言葉を選んでいる。われわれはみな、「社交の仮面」を被って友人と接しているのですよ。

哲人　なぜ、普通の友人の前では仮面を脱がないのですか？

青年　そんなことをしたら、関係が崩れてしまうからですよ！　あなたは「嫌われる勇気」だとかなんとか言いますがね、わざわざ嫌われることを望む人間など、ひとりもいやしない。無用な衝突をすることなく、関係を崩すことのないよう、われわれは仮面を被るのです。そうしないと社会は回っていかない。

哲人　もっと端的に、**傷つくことを避けている**のでは？

青年　……ええ、そこは認めましょう。たしかにわたしは傷つきたくないし、誰かを傷つけたくもない。でもね、仮面を被る理由は、保身だけじゃありません。むしろ優しさですよ！　われわれは素顔と本音だけで生きていたら、あまりに多くの人を傷つけてしまう。想像してごらんなさい、あらゆる人が本音をぶつけ合う世のなかを。……あたり一面血みどろの地獄絵図だ!!

哲人　しかし、親友の前では仮面を脱ぐことができるし、それで傷つけ合うことになっても関係は崩れないのですね？

青年　脱げますし、崩れませんね。たとえ彼が一度や二度の不義理を働いても、それだけを理由に彼との関係を断とうとは思いません。お互い、長所も短所も受け入れたうえで、関係を結んでいるのですから。

哲人　すばらしい関係です。

青年　そして大切なのは、そんな確信を抱かせてくれる人間など、世のなかにほとんどいない、ということですよ。一生のうちにせいぜい5人も見つけられれば、幸運なのかもしれません。

……さあ、そろそろわたしの質問に答えてください。先生は、ほんとうの親友をお持ちですか？　どうもあなたのお話は、親友も友情も知らない、書物と空想のなかにしか仲間を持たない人間の言葉に聞こえるのですが。

哲人　もちろん、わたしも幾人もの親友を持っています。まさにあなたのおっしゃった、「素顔になれる相手」や、「たとえ彼が一度や二度の不義理を働いても、それだけを理由に彼との関係を断とうとは思わない相手」を。

青年　ほほう、どんな人間です？　学友ですか？　哲学仲間、アドラーの研究仲間ですか？

哲人　たとえば、あなたです。

青年　な、なんですって⁉

哲人　以前も申し上げましたよね？　わたしにとってのあなたは、かけがえのない友人のひとりだと。わたしはあなたの前で、仮面を被ったことなど一度もありません。

青年　じゃあ、あれですか、わたしに「無条件の信頼」を寄せているとでも!?

哲人　もちろんです。そうでなければ、この対話も成立しないでしょう。

青年　……嘘だ！

哲人　ほんとうです。

青年　冗談じゃない！　そうやって人の心を操っているつもりか、この偽君子《ぎくんし》め!!　そんな巧言《こうげん》にだまされるわたしではありませんよ!!

先に「信じる」こと

哲人　いったいなぜ、そうも頑《かたく》なに「信頼」を否定するのです？

青年　逆に教えていただきたいですね！　いったい赤の他人を信じること、しかも無条件で信じることに、なんの意味があります？　無条件に信じるとは、すなわち他者に対して無批判であれ、盲目的であれ、ということでしょう。それは従順な羊になれと言っているのと同じだ！

哲人　違います。信じることとは、なんでも鵜呑《うの》みにすることではありません。その人の思想信条について、あるいはその人の語る言葉について、疑いの目を向けること。いったん留保して自分なりに考えること。これはなんら悪いことではないし、大切な作業です。その上で成すべきは、**たとえその人が嘘を語っていたとしても、嘘をついてしまうその人ごと信じる**ことです。

青年　……はあ!?

哲人　他者を信じること。これはなにかを鵜呑みにする、受動的な行為ではありません。**ほんとうの信頼とは、どこまでも能動的な働きかけなのです。**

青年　なにをおっしゃっているのです？

哲人　たとえばわたしは、ひとりでも多くの方にアドラーの思想を知ってほしいと思っています。アドラーの言葉を届けたいと思っています。しかしこの願いは、わたしひとりの努力によってかなうものではありません。わたしの言葉を受け止めてくれる人、わたしの言葉に耳を傾けようと思ってくれる人の「聞く意思」があって、はじめて成立することです。

それでは、どうすればわたしの言葉に耳を傾け、受け止めてもらえるのか？「わたしを信じてくれ」と強要することはできません。信じるかどうかは、その人の自由です。わたしにできるのはただ、自分が語りかける相手を信じること。それだけです。

青年　相手を信じること？

哲人　そう。もしもわたしがあなたに不信感を抱いたままアドラーを語っても、あなたは聞く耳を持ってくれないでしょう。その言説の妥当性に関係なく、はなから聞く耳を持たない。これは当然のことです。

　しかしわたしは、「わたし」を信じてほしいと思っている。わたしを信じ、アドラーの言葉に耳を傾けてほしいと思っている。ゆえにわたしは、**先にあなたのことを信じる**のです。たとえあなたが信じようとしなくとも。

青年　自分のことを信じてほしいから、先に信じる……？

哲人　そう。たとえば、子どものことを信頼していない親が、あれこれと注意をするとき。仮にその言葉が正論であったとしても、子どもたちには届きません。むしろ、正論であればあるほど反発したくなるでしょう。なぜ反発するのか？　親がちっとも自分のことを見ておらず、自分に不信感を抱いたまま、お仕着《しき》せの説教をしてくるからです。

青年　……正論が正論として通じないことは、わたしも日々実感していますよ。

哲人　われわれは「自分のことを信じてくれる人」の言葉しか信じようとしません。「意見の正しさ」で相手を判断するのではないのです。

青年　その側面があるのは認めますが、でも最終的には意見の正しさが問われますよ！

哲人　ちいさな口論から国家間の戦争まで、あらゆる争いは、「わたしの正義」のぶつかり合いによって発生します。「正義」とは、時代や環境、立場によっていかようにも変化するものであり、唯一の正義、唯一の答えなど、どこにも存在しません。「正しさ」を過信するのは、危険でしょう。

　そのなかでわれわれは、一致点を見出すことを求めている。他者との「つながり」を求めている。手をつなぎたいと願っている。……手をつなぎたいのならば、自分から手を差し出すしかないでしょう。

青年　いいや、それも傲慢な発想ですよ！　なぜって、先生がわたしのことを「信じる」と言うとき、それは「だからお前もわたしを信じろ」と考えているのですよね？

哲人　違います。そこは強要できません。**あなたがわたしを信じようと信じまいと、わたしはあなたを信じる。信じ続ける。**それが「無条件」の意味です。

青年　いまは、いかがですか？　わたしはあなたを信じていませんよ。これだけ強く拒絶され、ひどい言葉で罵倒されてもなお、わたしを信じきれていますか？

哲人　もちろんです。3年前から変わらず、あなたのことを信じています。そうでなければ、これだけ真剣に、これだけの時間をかけて語り合うことなどできません。他者のことを信じていない人は、正面きった議論さえもできない。いみじくもあなたがおっしゃったように「この人になら、腹を割ってすべてを話しても大丈夫だ」と思えないのです。

青年 ……ううう、無理だ！　そんな言葉、到底信じられません！

哲人 それでもかまいません。わたしはただ、信じ続けます。あなたを信じ、人間を信じます。

青年 お黙りなさい！　宗教家にでもなったつもりか!!

人と人とは、永遠にわかり合えない

哲人 くり返しますが、わたしは特定の宗教を信じる者ではありません。ただし、キリスト教であれ仏教であれ、数千年という長い時間をかけて錬磨《れんま》されてきた思想には、無視できない「力」があるでしょう。そこに一定の真理が含まれていたからこそ、淘汰されずに生き残ったに違いないのですから。……たとえば、そう。あなたは聖書で語られる「汝《なんじ》の隣人《りんじん》を愛せよ」という言葉をご存じですか？

青年　ええ、もちろん。あなたの大好きな隣人愛の話でしょう。

哲人　この言葉は、大切な部分が抜け落ちたまま流布《るふ》しています。新約聖書の「ルカによる福音《ふくいん》書《しょ》」のなかでは、**「汝の隣人を、汝みずからの如《ごと》くに愛せよ」**と語られています。

青年　汝みずからの如くに愛する……？

哲人　ええ。ただ隣人を愛するだけではなく、自分自身を愛するのと同じように愛せよ、と言っているのです。**自分を愛することができなければ、他者を愛することもできない。自分を信じることができなければ、他者を信じることもできない。**そこまで含んだ言葉だと考えてください。あなたがしきりに「他人のことなど信じられない」と訴えているのは、あなたが自分のことを信じきれていないからなのです。

青年　き、決めつけが過ぎますよ！

哲人　自己中心的な人は、「自分のことが好き」だから、自分ばかり見ているのではありません。実相《じっそう》はまったく逆で、**ありのままの自分を受け入れることができず、絶え間なき不安にさらされているからこそ、自分にしか関心が向かない**のです。

青年　では、わたしは「自分のことが嫌い」だから、自分ばかりを見ていると!?

哲人　ええ。そうなります。

青年　……ええい、なんと不愉快な心理学だ！

哲人　他者についても同じです。たとえば喧嘩別れした恋人のことを思い出すとき、しばらくは相手の嫌なところばかりが浮かんでくるものです。それはあなたが「別れてよかったのだ」と思いたいからであり、自分の決心に迷いが残っている証拠なのです。自分自身に「別れてよかったのだ」と言い聞かせないと、心が揺らぎそうになる。そんな段階だと思ってください。

そしてもし、かつての恋人の美点が思い出されたとしたら、それは積極的に嫌う必要がなくなったこと、その人への思いから解放されたことを意味します。……いずれも「相手のことが好きか嫌いか」が問題なのではなく、「いまの自分を好きなのか」が問われているのです。

青年　ううむ。

哲人　**あなたはまだ、自らを好きになることができていない。そのため他者を信じることができず、生徒たちを信じることもできず、交友の関係に踏み出せずにいる。**

だからこそいま、あなたは仕事を通じて所属感を獲得しようとしている。仕事で成果を収めることによって、自らの価値を実証しようとしている。

青年　それのなにが悪い！　仕事で認められること、すなわちそれは社会から認められることですよ！

哲人　違います。原則論から言えば、仕事によって認められるのは、あなたの「機能」であって、

「あなた」ではない。より優れた「機能」の持ち主が現れれば、周囲はそちらになびいていきます。それが市場原理、競争原理というものです。結果、あなたはいつまでも競争の渦《うず》から抜け出すことができず、ほんとうの意味での所属感を得ることもないでしょう。

青年 それでは、どうすればほんとうの所属感を得られるのですか!?

哲人 他者に「信頼」を寄せて、交友の関係に踏み出すこと。それしかありません。**われわれは、仕事に身を捧《ささ》げるだけでは幸福を得られない**のです。

青年 しかし……わたしが誰かを信じたところで、その他者がわたしを信頼し、交友の関係に踏み出してくれるかどうかはわからない!!

哲人 そこは「課題の分離」です。他者があなたのことをどう思うのか、あなたに対してどんな態度をとるのか。これはいっさいコントロールできない、他者の課題なのです。

青年 いや、それはおかしい。だって、もしも「課題の分離」を前提に考えるなら、われわれは永遠に他者とわかり合えないことになりますね?

哲人 当然、相手の考えていることがすべて「わかる」ことなどありえません。「わかりえぬ存在」としての他者を信じること。それが信頼です。**われわれ人間は、わかり合えない存在だからこそ、信じるしかない**のです。

青年 へっ! やっぱりあなたの言ってることは宗教だ!!

哲人　アドラーは、人間を信じる勇気を持った思想家でした。いや、彼の置かれた状況を考えると、信じる以外に道がなかったのかもしれません。

青年　どういう意味です？

哲人　ちょうどいい機会です。アドラーが「共同体感覚」の概念を唱えるようになったいきさつを振り返っておきましょう。「共同体感覚」の概念は、どこでどのようにして生まれたのか。なぜアドラーは批判を覚悟でこのような考えを唱えたのか。当然そこには大きな理由があります。

人生は「なんでもない日々」が試練となる

青年　共同体感覚が生まれた理由？

哲人　アドラーがフロイトと袂《たもと》を分かったのち、自らの心理学を「個人心理学」と名付けたのは、第一次世界大戦が勃発《ぼっぱつ》する前年にあたる１９１３年のことでした。いわばアドラー心理学は、そのはじまりとともに大戦に巻き込まれたことになります。

青年　アドラー自身も、出征《しゅっせい》したのですか？

哲人　ええ。第一次世界大戦がはじまると、当時44歳だったアドラーは軍医として召集され、陸軍病院の精神神経科で働きます。軍医に課せられた役割は、ただひとつ。入院中の兵士たちに治療を施し、速《すみ》やかに前線へ送り返すことでした。

青年　……前線へ送り返すだなんて。そんなもの、なんのために治療しているんだか、わからないじゃありませんか！

哲人　おっしゃるとおりです。治療を施した兵士は前線に送り出され、治療を施さなければ社会復帰もままならない。幼いころに弟を亡くして医師を志したアドラーにとって、軍医としての任務は苦渋《くじゅう》に満ちたものだったでしょう。後にアドラーは、軍医時代のことを「囚人のような思いを味わった」と振り返っています。

青年　いやいや、想像しただけで胸が痛くなる役回りですよ。

哲人　こうして「すべての戦争を終わらせるための戦争」としてはじまった第一次世界大戦は、非戦闘員まで巻き込んだ未曾有《みぞう》の総力戦として、欧州全土に甚大《じんだい》な被害をもたらしました。当然、この悲劇はアドラーをはじめとした心理学者たちにも大きな影響を与えます。

青年　具体的には？

哲人　たとえばフロイトは、この大戦を経て「タナトス」や「デストルドー」と呼ばれる「死の欲動」を提唱するようになります。これはさまざまな解釈のある概念ですが、さしあたって「生命に対する破壊衝動」のようなものだと考えるといいでしょう。

青年　そうした衝動があるとでも考えないと、眼前に広がる悲劇を説明できない。

哲人　おそらくそういうことでしょう。一方、同じ大戦を、しかも軍医という立場で直接的に経験したアドラーが提唱したのは、フロイトとはまったく逆の「共同体感覚」でした。これは特筆すべきことだと言えます。

青年　なぜ、そこで共同体感覚なのです？

哲人　アドラーは、どこまでも実践的な人物でした。フロイトのように、戦争や殺人、また暴力の「原因」を考えるのではなく、**「いかにすれば戦争を食い止められるか」を考えた**と言ってもいいでしょう。

　人間は戦争を、殺人や暴力を希求する存在なのか？　そんなはずはない。人間が誰しも持っているはずの、他者を仲間だと見なす意識、つまり共同体感覚を育てていけば、争いを防ぐことはできる。そしてわれわれには、それを成し遂げるだけの力があるのだ。……**アドラーは、人間を信じたのです**。

青年　……しかし、そうやって空虚な理想を追い求める姿が、非科学的だと批判を受けた。

哲人　ええ、多くの批判を受け、多くの仲間を失いました。しかし、**アドラーは非科学的だったのではなく、建設的だった**のです。彼の原理原則は「なにが与えられているかではなく、与えられたものをどう使うか」だったのですから。

青年　でも、いまもなお、世界中で戦争が起きています。

哲人　たしかに、アドラーの理想はいまだ実現されていません。実現可能なものかどうかもわからない。ただし、その理想に向かって前進することはできます。個人としての人間がいつまでも成長を続けられるように、**人類もまた成長を続けられるはずの存在**なのです。現状の不幸を理由に、理想を捨ててはいけません。

青年　理想を捨てなければ、いつか戦争もなくなると?

哲人　マザー・テレサは「世界平和のために、われわれはなにをすべきですか?」と問われ、こう答えました。「家に帰って、家族を大切にしてあげてください」。アドラーの共同体感覚も同じです。世界平和のためになにかをするのではなく、**まずは目の前の人に、信頼を寄せる。目の前の人と、仲間になる。**そうした日々の、ちいさな信頼の積み重ねが、いつか国家間の争いさえもなくしていくのです。

青年　目の前のことだけを考えていればいいのですか!?

哲人　いいも悪いも、**そこからはじめるしかないのです。**世界から争いをなくしたければ、**まず**

は自分自身が争いから解放されなければならない。生徒たちに自分を信じてほしいと思うのならば、まずは自分が生徒たちを信じなければならない。自分を棚に上げて全体の話をするのではなく、**全体の一部である自分が、最初の一歩を踏み出す**のです。

青年　……3年前にもおっしゃっていましたね。「あなたがはじめるべきだ」と。

哲人　ええ。「誰かがはじめなければならない。他の人が協力的でないとしても、それはあなたには関係ない。わたしの助言はこうだ。あなたがはじめるべきだ。他の人が協力的であるかどうかなど考えることなく」。共同体感覚の実効性を問われたときの、アドラーの言葉です。

青年　わたしの一歩で世界は変わりますか?

哲人　変わるかもしれないし、変わらないかもしれない。でも、結果がどうなるかなど、いま考えることではない。あなたにできることは、いちばん身近な人々に信頼を寄せること、それだけです。

人間にとっての試練、そして決断とは、受験や就職、結婚といったシンボリックなライフイベントのときにだけ訪れるのではありません。**われわれにとっては、なんでもない日々が試練であり、「いま、ここ」の日常に、大きな決断を求められているのです**。その試練を避けて通る人に、ほんとうの幸せは獲得できないでしょう。

青年　ううむ。

哲人　天下国家を論じる前に、自らの隣人に思いを寄せてください。なんでもない日々の対人関係に思いを寄せてください。われわれにできるのは、それだけです。

青年　……ふっふっふ。「汝の隣人を、汝みずからの如くに愛せよ」ってわけですか。

与えよ、さらば与えられん

哲人　まだ納得いかないところがあるようですね。

青年　残念ながら、まだまだありますね。いみじくも先生が指摘したように、生徒たちはわたしを軽蔑している。いや、生徒たちだけじゃない。世のなかのほとんどの人間は、わたしになんの価値も認めず、その存在を無視している。

もし、彼らがわたしを尊重し、わたしの言葉に耳を傾けるのなら、わたしの態度も変わってくるでしょう。あるいは彼らを信頼することだって可能かもしれません。でも、現実は違う。連中はいつまでもわたしを軽んじたままだ。
そんな状況のなかでできることがあるとすれば、ただひとつ。仕事を通じてわたしの価値を認めさせること、それだけですよ。信頼だの尊敬だのといった話は、その後だ！

哲人 つまり、他者が先にわたしを尊重すべきであり、他者からの尊敬を得るために自分は仕事で成果を出すのだと？

青年 そのとおりです。

哲人 なるほど。では、こう考えてください。他者に無条件の信頼を寄せること。尊敬を寄せていくこと。これは「与える」行為です。

青年 与える？

哲人 ええ。金銭に置き換えるとわかりやすいでしょう。他者になにかを「与える」ことができるのは、基本的に裕福な立場にある人です。自分の手元にそれだけの蓄えがなければ、与えることはできません。

青年 まあ、金銭であれば、そうでしょう。

哲人 そしていま、あなたはなにも与えようとせず、「与えてもらうこと」ばかりを求めている。さながら物乞《ものご》いのように。金銭的に困窮《こんきゅう》しているのではなく、心が困窮しているのです。

青年 し、失敬な……!!

哲人　われわれは、心を豊かに保ち、その蓄えを他者に与えていかなければなりません。他者からの尊敬を待つのではなく、自らが尊敬を寄せ、信頼を寄せなければなりません。……心の貧しい人間になってはいけないのです。

青年　そんな目標など、哲学でも心理学でもない！

哲人　ふっふっふ。それではあえてもうひとつ、聖書の言葉を紹介しましょう。「求めよ、さらば与えられん」という言葉は、ご存じですか？

青年　ええ。ときおり耳にする言葉ですが。

哲人　アドラーならきっと、こんなふうに言うでしょう。**「与えよ、さらば与えられん」**と。

青年　……な、なんと!!

哲人　与えるからこそ、与えられる。「与えてもらうこと」を待ってはならない。心の物乞いになってはならない。……これは「仕事」と「交友」に続く、もうひとつの対人関係を考える上でも非常に重要な視点になります。

青年　も、もうひとつとは、つまり……。

哲人　本日のいちばん最初に、わたしは言いました。すべての議論は「愛」に集約されていくだろう、と。アドラーの語る「愛」ほど厳しく、困難で、勇気を試される課題はありません。その一方で、アドラーを理解するための階段は、「愛」に踏み出すことで得られます。いや、そこにしかないといっても過言ではないでしょう。

青年　アドラーを理解するための階段……。

哲人　登る勇気はありますか？

青年　まずはその階段とやらをお示しいただかないと、答えようがありません。登るか登らないかは、その後で決めます。

哲人　わかりました。それでは、人生のタスクにおける最終関門、そしてアドラーの思想を理解するための大切な階段でもある「愛」について考えていきましょう。

第五部

愛する人生を選べ

たしかにそうだった、と青年は思う。きょうの議論、哲人はいちばん最初に予告していた。すべての問題は「愛」の議論に集約されていくだろうと。ここまでずいぶん長い時間語り合ってきたが、ついに「愛」の問題にたどりついたのだ。いったいこの男と、「愛」についてなにを語ればいいのだろう。そもそもわたしは「愛」について、なにを知っているだろう。うつむくと、帳面には自分でも読めないような悪筆《あくひつ》で、メモらしきものがびっしりと書き込まれている。青年は若干の不安を感じながら、沈黙に耐えかねるように笑ってみせた。

愛は「落ちる」ものではない

青年 ふっふっふ。それにしてもおかしなものですね。

哲人 どうしました?

青年　笑わずにはいられないでしょう。この狭い書斎で、むさ苦しい男がふたり、雁首《がんくび》揃えて「愛」を語り合おうとしている。しかもこんな真夜中に！

哲人　考えてみれば、珍しい状況かもしれません。

青年　それで、なんの話をします？　いっそ、先生の初恋話でもお聞きしましょうか？　恋に落ちた紅顔《こうがん》の哲学青年、その命運やいかに！　……へへっ、おもしろそうじゃありませんか。

哲人　……正面きって恋や愛を語ることには、恥じらいがともなう。若いあなたが、そうやっておどけてみせる気持ちはよくわかります。これはあなただけではありません。多くの人もまた、愛を前にして口をつぐみ、血の通わない一般論に終始してしまうものです。結果、世間で語られる愛のほとんどは、その実相をつかみきれていません。

青年　ほう、余裕ですね。ちなみにその、愛に関する「血の通わない一般論」とは？

哲人　たとえば、崇高《すうこう》にして穢《けが》れを許さない、相手のことを神格化するような愛。あるいは逆に、性的な欲動に駆られた、動物としての愛。さらには、自らの遺伝子を次代に残さんとする、生物学的な愛。およそ世間で語られる愛は、このいずれかを軸にしたものでしょう。

　たしかにわれわれは、これらすべての愛に対して、一定の理解を示します。そういう一面があることを認めます。しかし同時に、「それだけでは足りない」ことにも気づいているはずです。いわば、観念的な「神の愛」と、本能的な「動物の愛」ばかりが語られ、**誰ひとり「人間の愛」を**

語ろうとしないのですから。

青年　……神でも動物でもない、「人間の愛」。

哲人　それではなぜ、誰ひとりとして「人間の愛」に踏み込もうとしないのか。どうして人は、ほんとうの愛を語ろうとしないのか。……あなたのご意見はいかがでしょう？

青年　まあ、愛を語るのに照れを感じるのは、ご指摘のとおりでしょう。もっとも隠しておきたい、プライベートな話ですからね。無論、宗教じみた「人類愛」であれば、人は嬉々として語りますよ。ある意味それは他人事であり、空論に過ぎませんから。でも、自分自身の恋愛については、なかなか言葉にできません。

哲人　それが抜き差しならない「わたし」のことであるから？

青年　ええ。服を脱いで、裸になるくらい恥ずかしいことです。それにもうひとつ。恋に落ちる瞬間は、ほとんど「無意識」の働きによるものです。だからどうしても論理的な言葉で説明することには無理がある。

……これはそう、演劇や映画に感動した観客が、自分が泣いている理由を説明できないのと同じですよ。言葉で説明できるほど合理的な涙であれば、流れるはずもないのですから。

哲人　なるほど。恋とは「落ちる」ものである。恋愛は制御不能な衝動であり、われわれはその嵐に翻弄されるしかない。……そういうことですね？

青年　もちろんです。恋愛は計算ずくで進めることができず、誰にもコントロールできない。だからこそ、ロミオとジュリエットのような悲劇が生まれてしまう。

哲人　……わかりました。おそらくいまのお話は、愛に関する常識的な見解だと思います。しかし、**世間の常識を疑い、別の角度から光を当て、結果として「常識へのアンチテーゼ」を唱えてきたのがアドラーという哲学者**です。たとえば愛について、彼はこんなふうに語っています。「愛とは、一部の心理学者たちが考えているような、**純粋かつ自然的な機能ではない**」と。

青年　……どういう意味です？

哲人　つまり、人間にとっての愛は、運命によって定められたものでもなければ、自然発生的なものでもない。われわれは、愛に「落ちる」のではない、ということです。

青年　じゃあ、どんなものだと？

哲人　築き上げるものです。「落ちる」だけの愛なら、誰にでもできます。そんなものは、人生のタスクと呼ぶに値しない。**意思の力によって、なにもないところから築き上げるものだからこそ、愛のタスクは困難なのです。**

多くの人は、この原則を知らないまま愛を語ろうとします。だから、人間には関知しえない「運命」や、動物的な「本能」といった言葉に頼らざるをえなくなる。自分にとっていちばん大切なはずの課題を、意思や努力の枠外《わくがい》にあるものとして、直視しないでいる。もっと言えば**「愛する**

こと」をしていない。

青年　愛することをしていない⁉

哲人　ええ。きっと「落ちる愛」を語るあなたもそうでしょう。われわれは、神でも動物でもない、「人間の愛」を考えなければなりません。

「愛される技術」から「愛する技術」へ

青年　そんなもの、いくらでも反証できますよ。いいですか、われわれはみな、恋に落ちた経験を持っています。先生だって例外ではないでしょう。この世界に生きる人間ならば、あの愛の嵐を、止められない愛の衝動を、何度となく経験している。つまり、「落ちる愛」は、確実に存在するのです。この事実はお認めになりますね⁉

哲人　こう考えてください。仮にあなたがカメラをほしがっているとします。お店のショーウィンドウでたまたま目にしたドイツ製の二眼レフカメラに、心を奪われてしまった。触ったこともない、ピントの合わせ方もわからないカメラだけど、いつか自分のものにしたい。肌身離さず持ち歩き、気の向くままに写真を撮ってみたい。……別にカメラでなくともかまいません。鞄《かばん》でも、車でも、楽器でも、なんでもけっこうです。その気持ちは想像できますね？

青年　ええ、よくわかります。

哲人　このときあなたは、まるで恋に落ちたかのようにカメラに取り憑《つ》かれ、とめどない欲望の「嵐」に襲われるはずです。目を閉じればその姿が思い浮かび、耳の奥にはシャッター音さえ聞こえてくる、ほかのことなどなにも頭に入らない状態です。子どものころであれば、親の前で泣いて駄々《だだ》をこね、ほしがったかもしれません。

青年　……ま、まあ。

哲人　しかし実際に手に入れてしまうと、半年としないうちに飽きてしまう。どうして手に入れた途端に飽きるのか？　あなたはドイツ製のカメラで「撮影したかった」のではありません。**それを獲得し、所有し、征服したかっただけ**なのです。……あなたの語る「落ちる愛」は、この所有欲や征服欲となんら変わりがありません。

青年　要するに「恋に落ちること」は、物欲に取り憑かれるようなものだと？

哲人　もちろん相手は生きた人間ですから、ロマンティックな物語を付与しやすいでしょう。しかし、**本質的には物欲と同じ**です。

青年　……くっくっく、これは傑作だ。

哲人　どうされました？

青年　……人間とはわからないものですね！　まさか隣人愛を説くあなたから、こんな愚かしいニヒリズムの煮汁《にじる》が染み出てくるとは!!　なにが「人間の愛」だ！　なにが常識へのアンチテーゼだ！　そんな思想など、汚水をすするドブネズミにでも食わせておくがいい!!

哲人　おそらくあなたは議論の前提となる部分について、ふたつの点で誤解されています。まずひとつ。あなたはガラスの靴を履いたシンデレラが、王子と結ばれるまでの物語に注目している。一方でアドラーは、映画のエンドロールが終わったあと、**ふたりが結ばれたあとの「関係」に注目している。**

青年　結ばれたあとの……関係？

哲人　ええ。たとえば激しい愛の末に結婚したとしても、それは愛のゴールではありません。結婚は、ふたりの愛がほんとうの意味で試されるスタート地点です。現実の人生は、そこから日々続いていくのですから。

青年　……つまりアドラーが語る愛は、結婚生活のことなのですか？

哲人　そこでもうひとつ。講演活動に精を出すアドラーに対して、聴衆からもっとも多く寄せられたのが、恋愛相談だったそうです。世のなかに「他者から愛される技術」を説く心理学者は、たくさんいるでしょう。どうすれば意中の相手から愛されるのか、と。ひょっとすると人々がアドラーに期待したアドバイスも、それだったのかもしれません。

しかし、アドラーの語る愛はまったく違うものでした。**彼が一貫して説き続けたのは能動的な愛の技術、すなわち「他者を愛する技術」だったのです。**

青年　愛する技術？

哲人　ええ。この考え方を理解するには、アドラーだけでなく、エーリッヒ・フロムの言葉にも耳を傾けるといいでしょう。彼は、その名もThe Art of Loving つまり「愛の技術」という世界的なベストセラーを出版しています。

たしかに、他者から愛されることはむずかしい。けれども、**「他者を愛すること」は、その何倍もむずかしい課題**なのです。

青年　そんな戯《ざ》れ言《ごと》、誰が信じますか！　愛することなんて、どんな悪党にだってできる。困難なのは、愛されることですよ！　恋愛の悩みは、そのひと言に集約されるといっても過言ではありません！

哲人　かつてはわたしもそう思っていました。しかし、アドラーを知り、子育てを通じてその思想を実践し、大きな愛の存在を知った現在、まったく正反対の意見を持っています。ここはアドラーの根幹に関わる部分です。……愛することのむずかしさを知ったとき、あなたはアドラーのすべてを理解することになるでしょう。

愛とは「ふたりで成し遂げる課題」である

青年　いいや、譲るわけにはいきません！　愛するだけなら、誰にだってできる。どんなに性格のひねくれた人間でも、どんな落ちこぼれであっても、誰かに恋い焦がれる。つまり、他者を愛することはできる。しかし、他者から愛されることは、きわめてむずかしい。

……わたしがいい例ですよ。見てくれはこんな具合で、女性を前にすると顔を赤らめ、声はうわずり目は泳ぐ。社会的地位もなければ、財力も持たない。しかも困ったことに、このひねくれた性格だ。ははっ、わたしを愛してくれる人間が、どこにいますか！

哲人　あなたはこれまでの人生で、誰かを愛したことはありますか？

青年　……あ、ありますよ。

哲人　その人を愛することは、簡単でしたか？

青年　むずかしいとか簡単だとか、そういう問題じゃないでしょう！　気がついたら恋に落ちている、いつの間にか愛してしまっている、その人のことが頭から離れなくなってしまっている。それが愛という感情じゃありませんか！

哲人　それではいま、あなたは誰かを愛していますか？

青年　……いいえ。

哲人　なぜでしょう？　愛することは簡単なのですよね？

青年　ええい、畜生《ちくしょう》！　あなたとしゃべっていると、まるで心を知らない機械を相手にしているようだ！「愛すること」は簡単です。間違いなく簡単です。しかしながら「愛すべき人と出会うこと」がむずかしいのですよ!!　問題は、「愛すべき人との出会い」なのです！

ひとたび愛すべき人に出会ってしまえば、愛の嵐が吹き荒れる。止めようにも止められない、激情の嵐がね！

哲人　わかりました。愛は「技術」の問題ではなく、「対象」の問題である。愛にとって大切なのは「どのように愛するか」ではなく、「誰を愛するか」である。そういうことですね？

青年　当たり前です！

哲人　それでは、アドラーが愛の関係をどのように定義しているのか。確認していきましょう。

青年　……どうせ歯の浮くような理想論でしょうがね。

哲人　最初に、アドラーは言います。「われわれは、ひとりで成し遂げる課題、あるいは20人で成し遂げる仕事についていては、教育を受けている。しかし、**ふたりで成し遂げる課題**については、教育を受けていない」と。

青年　……ふたりで成し遂げる課題？

哲人　たとえば、寝返りさえ満足に打てなかった赤ん坊が、二本の足で立ち、歩きまわれるようになること。これは誰に肩代わりしてもらうこともできない、「ひとりで成し遂げる課題」です。立つことや歩くこと、言葉を覚えてコミュニケーションをとること。あるいは哲学、数学、物理学といった学問全般だって、すべて「ひとりで成し遂げる課題」に該当するでしょう。

青年　そうなるでしょう。

哲人　これに対して、仕事は「仲間たちと成し遂げる課題」です。一見ひとりで取り組んでいるような仕事、たとえば画家のような仕事であっても、そこにはかならず協力者がいます。絵筆や絵の具をつくる人、キャンバスをつくる人、イーゼルをつくる人、そして画商に購入者。他者とのつながり、また協力を抜きにして成立する仕事は、ひとつもありません。

青年　ええ、そのとおりです。

哲人　そしてわれわれは、「ひとりで成し遂げる課題」と「仲間たちと成し遂げる課題」については、家庭や学校で十分な教育を受けている。そうですね？

青年　まあ、そうです。わたしの学校でも、しっかりと教えています。

哲人　ところが、「ふたりで成し遂げる課題」については、なんの教育も受けていない。

青年　その「ふたりで成し遂げる課題」が……。

哲人　アドラーの語る、「愛」です。

青年　つまり、**愛とは「ふたりで成し遂げる課題」である。しかしわれわれは、それを成し遂げるための「技術」を学んでいない。**……そういう理解でよろしいですか？

哲人　はい。

青年　……ふっふっふ。わたしがなにひとつ納得していないことは、おわかりですよね？

哲人　ええ、ここはまだ入口に過ぎません。人間にとって愛とはなにか。仕事の関係、また交友の関係とはどこが違うのか。そしてわれわれはなぜ、他者を愛さなければならないのか。……明け方は近づいています。われわれに残された時間は、そう長くはありません。一分一秒も無駄にすることなく、一緒に考えていきましょう。

人生の「主語」を切り換えよ

青年　じゃあ、単刀直入《たんとうちょくにゅう》に聞きます。愛とは「ふたりで成し遂げる課題」である。……これはなにかを語っているようでいながら、実際にはなにも語っていない言葉です。いったい「ふたり」で、なにを成し遂げるのです？

哲人　幸福です。幸福なる生を成し遂げるのです。

青年　ほう、即答しましたね！

哲人　われわれはみな、幸せになることを願っている。より幸福な生を求めて生きている。そこは同意していただけますね？

青年　もちろん。

哲人　そして幸福になるためには、対人関係のなかに踏み出さなければならない。人間の悩みは、すべて対人関係の悩みである。そして人間の幸福もまた、すべて対人関係の幸福である。これもくり返しお話ししてきた話です。

青年　ええ。だからこそ、人生のタスクに踏み出さなければならない。

哲人　それでは具体的に、人間にとっての幸福とはなんなのか？　3年前のあのとき、わたしは、幸福についてアドラーの結論を述べました。すなわち、**「幸福とは、貢献感である」**と。

青年　はい。これはかなり大胆な結論です。

哲人　アドラーは言います。**われわれはみな、「わたしは誰かの役に立っている」と思えたときにだけ、自らの価値を実感することができる**のだと。自らの価値を実感し、「ここにいてもいいいんだ」という所属感を得ることができるのだと。しかし一方、われわれは自分のおこないがほんとうに役立っているのかについて、知る術《すべ》を持ってません。たとえ目の前に喜んでくれる人がいたとしても、それが「ほんとうに」喜んでいるのかは、原理的にわかりえないわけです。

そこで浮かび上がるのが、貢献感という言葉です。**「わたしは誰かの役に立っている」という主観的な感覚があれば、すなわち貢献感があれば、それでいい**。それ以上の根拠を求める必要はない。貢献感のなかに、幸せを見出そう。貢献感のなかに、喜びを見出そう。

われわれは仕事の関係を通じて、自分が誰かの役に立っていることを実感するでしょう。われわれは交友の関係を通じて、自分が誰かの役に立っていることを実感するでしょう。だとすれば、幸せはそこにあるのです。

青年　ええ、認めます。率直に申し上げてこの話は、わたしがこれまでに接した幸福論のなかで、もっともシンプルにして、もっとも得心《とくしん》のいく内容ですよ。だからこそ逆に、愛を通じて「幸福なる生」を成し遂げる、という議論がよくわからない。

哲人　そうかもしれません。それではここで、分業に関する議論を思い出してください。分業の根底に流れていたのは「わたしの幸せ」、つまり利己心でした。**「わたしの幸せ」を突き詰めていくと、結果として誰かの幸せにつながっていく。**分業の関係が成立する。いわば、健全なギブ・アンド・テイクが働いている。そういう話でした。

青年　ええ、非常におもしろい議論です。

哲人　一方、交友の関係を成立させるのは「あなたの幸せ」です。相手に対して、担保や見返りを求めることなく、無条件の信頼を寄せていく。ここにギブ・アンド・テイクの発想はありません。**ひたすら信じ、ひたすら与える利他的な態度によって、交友の関係は生まれます。**

青年　与えよ、さらば与えられん……ですね？

哲人　はい。つまりわれわれは、「わたしの幸せ」を追求することによって、分業の関係を築き、「あなたの幸せ」を追求することによって、交友の関係を築いていく。だとした場合、愛の関係とは、なにを追求した結果、成立するのでしょうか？

青年　……そりゃあ、愛する人の幸せ、崇高なる「あなたの幸せ」でしょう。

哲人　違います。

青年　ほほう！　……じゃあ、愛の正体はエゴイズム、すなわち「わたしの幸せ」だと!?

哲人　それも違います。

青年　じゃあ、なんなのです!?

哲人　利己的に「わたしの幸せ」を求めるのではなく、利他的に「あなたの幸せ」を願うのでもなく、**不可分なる「わたしたちの幸せ」を築き上げること。**それが愛なのです。

青年　……不可分なる、わたしたち？

哲人　ええ。**「わたし」や「あなた」よりも上位のものとして、「わたしたち」を掲げる。**人生のすべての選択について、その順序を貫く。「わたし」の幸せを優先させず、「あなた」の幸せだけに満足しない。「わたしたち」のふたりが幸せでなければ意味がない。「ふたりで成し遂げる課題」とは、そういうことです。

青年　利己的でありながら、利他的でもある……と？

哲人　いいえ。利己的では「ない」のだし、利他的でも「ない」のです。愛は、利己と利他の両方を兼ね備えるのではなく、どちらも退けるのです。

青年　なぜです？

哲人　……**「人生の主語」が変わるから**です。

青年　人生の主語⁉

哲人　われわれは生まれてからずっと、「わたし」の目で世界を眺め、「わたし」の耳で音を聞き、「わたし」の幸せを求めて人生を歩みます。これはすべての人がそうです。しかし、ほんとうの愛を知ったとき、**「わたし」だった人生の主語は、「わたしたち」に変わります**。利己心でもなければ利他心でもない、まったくあたらしい指針の下に生きることになるのです。

青年　でもそれは、「わたし」が消えてなくなるということにもなりかねませんよ？

哲人　まさに。**幸福なる生を手に入れるために、「わたし」は消えてなくなるべきなのです**。

青年　なんですって⁉

自立とは、「わたし」からの脱却である

哲人　愛とは「ふたりで成し遂げる課題」である。愛によってふたりは、幸福なる生を成し遂げ

る。それではなぜ、愛は幸福につながるのか？　ひと言でいえばそれは、**愛が「わたし」からの解放だから**です。

青年　わたしからの解放!?

哲人　ええ。この世に生を享《う》けた当初、われわれは「世界の中心」に君臨しています。周囲の誰もが「わたし」を気にかけ、昼夜を問わずあやし、食事を与え、排泄《はいせつ》の世話さえしてくれます。「わたし」が笑えば世界が笑い、「わたし」が泣けば世界が動く。ほとんど、家庭という王国に君臨する独裁者のような状態です。

青年　まあ、少なくとも現代においてはそうでしょう。

哲人　この独裁者にも似た圧倒的な「力」。その力の源泉はどこにあるのか？　アドフーはそれを「弱さ」だと断言します。子ども時代のわれわれは、**己の「弱さ」によって、大人たちを支配しているの**だと。

青年　……弱い存在だからこそ、周囲は助けざるをえないと？

哲人　そう。「弱さ」とは、対人関係において恐ろしく強力な武器になる。これはアドラーが臨床に基づいた深い洞察の末にたどりついた、重大な発見です。

ある少年の例を紹介しましょう。彼は暗闇を恐れていました。夜になり、寝室で寝かしつけられ、母親が部屋の明かりを消して出ていく。すると彼は、いつも泣き出してしまいます。あまりに泣き止まないものだから、母親が戻ってきて訊《たず》ねます。「なぜ泣いてるの？」。泣き止んだ彼は細い声で答えます。「だって、まっ暗だから」。息子の「目的」を察知した母親は、ため息交じりに訊ねます。「それで、お母さんがきてから少しでも明るくなった？」。

青年 ふふっ。たしかにそうだ！

哲人 暗闇そのものは、問題ではない。その少年がもっとも恐れ、避けたかったのは、母親から引き離されることだったのです。アドラーはこう断言しています。「彼は、泣いたり、呼んだり、眠れなかったり、あるいは他のなにかの手段によって自分を厄介者にすることで、母親を自分の近くにとどまらせようと努めるだろう」と。

青年 弱さをことさらアピールすることで、母親を支配する。

哲人 そうです。再びアドラーの言葉を引きましょう。「かつて彼らは、ほしいもののすべてを与えられる黄金時代に生きていた。そして彼らのなかのある者は、依然としてこう感じている。十分長く泣き、十分抗議し、協力することを拒《こば》めば、再びほしいものを手に入れられるだろう、と。彼らは人生と社会を全体として見ず、自らの個人的な利益にしか焦点を合わせない」。

青年 ……黄金時代！　たしかにそうですよ、子どもにとっては黄金時代ですよ！

哲人 彼らのような生き方を選ぶのは、子どもだけではありません。**多くの大人たちもまた、自分の弱さや不幸、傷、不遇なる環境、そしてトラウマを「武器」として、他者をコントロールし**

ようと目論みます。心配させ、言動を束縛し、支配しようとするのです。

そんな大人たちをアドラーは「甘やかされた子ども」と断じ、そのライフスタイル（世界観）を厳しく批判しました。

青年　ああ、わたしも大っ嫌いですよ！　連中は泣けばすむと思っているし、傷をさらけ出せば免罪《めんざい》されると思っている。しかも、強い者を「悪」と見なし、弱い自分を「善」に仕立て上げようとする！　連中の論理に従うなら、われわれは強くなることも許されない！　強くなることは、悪魔に魂を売り渡して「悪」に転落することを意味するのですから!!

哲人　しかし、ここで考えなければならないのは、子どもたち、とくに生まれて間もない新生児の、**身体的な劣等性です。**

青年　新生児？

哲人　原則として子どもたちは、自活することができない。泣くこと、つまり己の弱さをアピールすることによって周囲の大人を支配し、自分の望みどおりに動いてもらわないと、明日の命さえ危うい。彼らは甘えやわがままで泣いているのではない。生きるためには、「世界の中心」に君臨せざるをえないのです。

青年　……ううむ！　たしかに。

哲人　すべての人間は、過剰なほどの「自己中心性」から出発する。そうでなくては生きていけない。しかしながら、**いつまでも「世界の中心」に君臨することはできない。世界と和解し、自分は世界の一部なのだと了解しなければならない。**……ここまで理解できれば、本日何度となく語り合ってきた「自立」という言葉の意味も見えてくるでしょう。

青年 ……自立の意味？

哲人 そう。なぜ教育の目標は自立なのか。どうしてアドラー心理学は、教育を最重要課題のひとつとして考えるのか。自立という言葉には、どんな意味が込められているのか。

青年 教えてください。

哲人 **自立とは、「自己中心性からの脱却」なのです。**

青年 ……!!

哲人 だからこそアドラーは、共同体感覚のことを social interest と呼び、社会への関心、他者への関心と呼んだのです。われわれは頑迷《がんめい》なる自己中心性から抜け出し、「世界の中心」であることをやめなければならない。「わたし」から脱却しなければならない。**甘やかされた子ども時代のライフスタイルから、脱却しなければならない**のです。

青年 自己中心性から脱却できたとき、ようやくわれわれは自立を果たす……と？

哲人 そのとおりです。人間は、変わることができます。そのライフスタイルを、世界観や人生観を、変えることができます。そして愛は、「わたし」だった人生の主語を、「わたしたち」に変えます。**われわれは愛によって「わたし」から解放され、自立を果たし、ほんとうの意味で世界を受け入れるのです。**

青年　世界を受け入れる⁉

哲人　ええ。愛を知り、人生の主語が「わたし」から「わたしたち」に変わること。これは人生の、あらたなスタートです。**たったふたりからはじまった「わたしたち」は、やがて共同体全体に、そして人類全体にまでその範囲を広げていく**でしょう。

青年　それが……。

哲人　共同体感覚です。

青年　……愛、自立、そして共同体感覚‼　なんということだ、アドラーのすべてがつながってくるではありませんか！

哲人　そう、われわれはいま、大きな結論に近づこうとしています。その深淵《しんえん》まで、ともに降りていきましょう。

哲人の語りはじめた「愛」は、青年が予想していたものとまったく違っていた。愛とは「ふたりで成し遂げる課題」であり、そこでは「わたし」の幸せでも「あなた」の幸せでもなく、「わたしたち」の幸せを追い求めなければならない。そのときはじめて、われわれは「わたし」から脱却できる。自己中心性から解放され、ほんとうの自立を果たすことができる。自立とは、子ども時代のライフスタイルから脱却することであり、自己中心性から抜け出すことなのだ。青年はいま、自分が大きな扉を開けようとしていることを直感した。この扉の先に待つのは、輝かしい光なのか漆黒《しっこく》の闇なのか……。わかっているのはただ、自分が運命のドアノブに手をかけたことだけだった。

その愛は「誰」に向けられているのか

青年　……深淵はどこへ続くのです？

哲人　愛と自立の関係を考えるとき、避けて通ることのできない課題が、親子関係です。

青年　ああ……。わかりますよ、そうでしょう、そうでしょう。

哲人　生まれて間もない子どもたちは、自分の力で生きていくことができない。他者の、原理的には母親の、絶え間ない献身があってようやく命をつないでいく。いま、われわれがここに生きているのは、母親や父親の愛があり、献身があったからです。「わたしは誰からも愛されずに育った」と考える人は、この事実から目を逸らしてはなりません。

青年　そうですよ。この上なく美しい、無償《むしょう》の愛があったのです。

哲人　しかし視点を変えると、ここでの愛は、美しい親子の絆《きずな》だけでは片づけきれない、非常に厄介な問題を孕《はら》んでいます。

青年　なんでしょう？

哲人　いくら「世界の中心」に君臨しているとはいえ、子どもも時代のわれわれは、親に依存しながら生きるしかありません。「わたし」の命は、親が握っているのだし、親に見捨てられたら死んでしまうわけです。

……子どもたちは、それを理解するに十分な知性を持っています。そしてあるとき、彼らは気づくでしょう。**「わたし」は、親から愛されてこそ、生きていくことができる**のだと。

青年　……たしかに。

哲人　そしてちょうどこの時期、子どもたちは自らのライフスタイルを選択します。自分の生きるこの世界はどのような場所であり、そこにはどのような人々が暮らし、自分はどのような人間なのか。こういった**「人生への態度」を自らの意思で選択する**わけです。……この事実がなにを意味するか、おわかりになりますか？

青年　い、いや。

哲人　われわれが自らのライフスタイルを選択するとき、その目標は「いかにすれば愛されるか」にならざるをえないのです。**われわれはみな、命に直結した生存戦略として「愛されるためのライフスタイル」を選択するのです。**

青年　愛されるためのライフスタイル⁉

哲人　子どもは、非常に優れた観察者です。自らの置かれた環境を考え、両親の性格・性向《せいこう》を見極め、きょうだいがいればその位置関係を測り、それぞれの性格を考慮し、どんな「わたし」であれば愛されるのかを考えた上で、自らのライフスタイルを選択します。

たとえばここから、親の言いつけに従順な「いい子」のライフスタイルを選ぶ子どももいるでしょう。あるいは逆に、事あるごとに反発し、拒絶し、反抗する、「わるい子」のライフスタイルを選ぶ子どももいるでしょう。

青年　なぜです？　「わるい子」になってしまったら、愛されるどころではなくなってしまうじゃありませんか。

哲人　ここはよく誤解されるところなのですが、泣き、怒り、叫んで反抗する子どもは、感情をコントロールできないのではありません。むしろ**十分すぎるほど感情をコントロールした結果、それらの行動をとっている**のです。そこまでしなければ親の愛と注目を得られない、ひいては自分の命が危うくなる、と直感して。

青年　それも生存戦略だと!?

哲人　ええ。**「愛されるためのライフスタイル」とは、いかにすれば他者からの注目を集め、いかにすれば「世界の中心」に立てるかを模索する、どこまでも自己中心的なライフスタイルなのです。**

青年　……ようやく話がつながってきましたよ。つまり、わたしの生徒たちがさまざまな問題行動に出るのも、その自己中心性に基づいている。彼らの問題行動は、「愛されるためのライフスタイル」から生まれていると、そうおっしゃるのですね？

哲人　それだけではありません。おそらく、**いまあなた自身が採用しているライフスタイルも、子ども時代の生存戦略に根ざした、「いかにすれば愛されるか」が基準になっているでしょう。**

青年　なんですって!?

哲人　あなたはまだ、ほんとうの意味での自立を成しえていない。あなたはまだ、「誰かの子ども」としてのライフスタイルにとどまっている。生徒たちの自立を援助しようと思い、真の教育者でありたいと願うなら、まずはあなた自身が自立しなければなりません。

青年　なぜ、なんの根拠があってそんな決めつけを⁉　わたしはこうやって教職を得て、社会の輪に生きている。自分の意思で仕事を選び、自分の稼ぎで自分を養い、両親に金の無心《むしん》などしたこともない。わたしはすでに、自立しています！

哲人　しかし、あなたはまだ、誰のことも愛していない。

青年　……ぐっ‼

哲人　自立とは、経済上の問題でも、就労上の問題でもありません。**人生への態度、ライフスタイルの問題**です。……この先あなたも、誰かのことを愛する決心が固まるときがくるでしょう。それは、子ども時代のライフスタイルとの決別を果たし、真の自立を果たすときです。われわれは、**他者を愛することによって、ようやく大人になる**のですから。

青年　愛することで、大人になる……⁉

哲人　ええ。**愛は自立です。大人になることです。だからこそ、愛は困難なのです。**

どうすれば親の愛を奪えるのか

青年　しかし、わたしは両親からも自立できています！　あの人たちに愛されようなどとは、ひと欠片も思っていない！　両親の希望する職に就かず、薄給《はっきゅう》の大学図書館で働き、いまこうして教育者の道を歩んでいる。たとえそれで親子の関係に亀裂《きれつ》が生じてもかまわない、嫌われてもいいのだ、と決意して。少なくともわたしにとっては、就職こそが「子ども時代のライフスタイル」からの脱却だったのです！

哲人　……あなたはたしか、お兄さんとのふたり兄弟でしたね？

青年　ええ。兄は父の経営する印刷工場を継いでいますよ。

哲人　おそらくあなたは、ご家族と同じ道に進むことをよしとしなかった。あなたにとって大切なのは、「みんなと違うこと」だったのでしょう。お父さんやお兄さんと同じ仕事に就いていたら、注目を得ることができないし、自らの価値を実感できない。

青年 な、なんですって!?

哲人 仕事だけではありません。幼少時代から、なにをやってもお兄さんのほうが年上で、力にも優れ、経験も勝《まさ》り、到底勝ち目がなかった。では、どうするか?

アドラーは言います。「一般的に末っ子は、家族のほかの者とまったく違った道を選ぶ。すなわち、もしも科学者の家庭であれば、音楽家か商人になるだろう。商人の家庭であれば、詩人になるかもしれない。いつも他の人とは違っていなければならないのである」。

青年 決めつけだ! そんなもの、人間の自由意思を愚弄《ぐろう》した、決めつけだ!

哲人 ええ。アドラーも、きょうだい順位に関しては、その「傾向」の話しかしていません。しかし、自分の置かれた環境が、どのような「傾向」をもたらすものかは、知っておいてもいいでしょう。

青年 ……じゃあ、兄は? 兄の場合はどんな「傾向」があるのです?

哲人 第一子、またひとりっ子の場合、最大の特権は「親の愛をひとり占めしていた時代」を持っていることでしょう。第二子以降に生まれた子どもは、親を「ひとり占め」する経験を持ちません。常に先を行くライバルがいて、多くの場合が競争関係に置かれます。

ただし、かつて親の愛をひとり占めしていた第一子も、弟や妹の誕生によって、その地位から転落せざるをえません。この挫折とうまく折り合いをつけられない第一子は、いつか自分が再び権力の座に返り咲くべきだと考えます。アドラーの言葉によると**「過去の崇拝者」**となり、**保守的な、未来について悲観的なライフスタイルを形成していきます。**

青年　ふっふっふ。たしかに、うちの兄はそういう「傾向」がありますよ。

哲人　力と権威の重要性をよく理解し、権力の行使《こうし》を好み、法の支配に過大なる価値を置く。まさに保守的なライフスタイルです。

ただし、弟や妹が生まれたとき、すでに協力や援助についての教育を受けていれば、第一子は優れたリーダーになっていくでしょう。両親の育児を模倣《もほう》して、弟や妹の世話をすることに喜びを見出し、貢献の意味を知るのです。

青年　では、第二子は？　わたしの場合、第二子であり末っ子でもあるわけですが、第二子にはどんな「傾向」がありますか？

哲人　アドラーは、典型的な第二子はすぐにそれとわかる、と言っています。第二子には、常に自分の前を走るペースメーカーがいます。そして第二子の根底には、「追いつきたい」との思いがあります。兄や姉に追いつきたい。追いつくためには急がねばならない。絶え間なく自らを駆り立て、兄や姉に追いつき、追い越し、征服したいとさえ目論んでいる。法の支配を重んじる保守的な第一子と違って、誕生順位という自然法則さえ覆《くつがえ》したいと願っている。

ゆえに**第二子は、革命を志向します。**第一子のように既存の権力におさまろうとするのではなく、既存の権力を転覆することに価値を置くのです。

青年　……わたしにも、その性急《せいきゅう》な革命家としての「傾向」があると？

哲人　さあ、それはわかりません。この分類はあくまでも人間理解の一助であり、なにかを決定するものではないのですから。

青年　では最後に、ひとりっ子の場合はどうなります？　上にも下にもライバルがおらず、ずっと権力の座にとどまり続けるわけですよね？

哲人　たしかに、ライバルとなるきょうだいはいません。しかしここでは、父親がライバルとなるでしょう。母親の愛を独占したいと願うあまり、父親をライバル視してしまう。いわゆる、マザーコンプレックスを発達させやすい環境にあります。

青年　ほほう、それはちょっとフロイト的な発想ですね。

哲人　ただし、アドラーがより問題視したのは単独子の置かれる、心理的不安でした。

青年　心理的不安？

哲人　まず、周囲を見渡しながら、いつか自分にも弟や妹が生まれ、この地位を脅かされるのではないかという不安に晒《さら》される。あらたな王子、あらたなお姫さまの誕生を、ことのほか怯えて暮らします。さらに、もっと気をつけるべきは、両親の臆病さです。

青年　両親の臆病さ？

哲人　ええ。ひとりっ子の両親には、「経済的にも、労力の面でも、自分たちにはこれ以上の子どもを育てる余裕がない」と考え、単独子のまま子どもをつくらない夫婦がいます。実際の経済状況がどうであるかにかかわらず。

アドラーによると、彼らの多くは人生に臆病で、悲観的です。家庭の雰囲気も不安に満ちており、たったひとりの子どもに過大な重圧をかけ、苦しめることになるでしょう。とくにアドラーの時代は、複数の子どもをもうけることが一般的だったため、この点がより強調されました。

青年　……親たちは、子どもをひたすら愛するだけではいけないわけですね。

哲人　はい。際限のない愛は、しばしば子どもを支配する道具へと変貌します。すべての親たちは、「自立」という明確な目標を掲げ、子どもたちと対等な関係を築いていかねばなりません。

青年　そして、どんな両親のもとに生まれようと、子どもたちは「愛されるためのライフスタイル」を選択せざるをえない。

哲人　ええ。あなたがご両親の反対を押し切って図書館司書の仕事を選び、いま教育者の道を選んでいることも、それだけで自立したとは言えない。もしかすると、「違う道」を選ぶことで、兄弟間の競争に勝ち、ご両親の注目をつなぎとめようとしているのかもしれない。そして「違う道」でなにかを達成することで、自分という人間の価値を認めてもらおうとしているのかもしれない。既存の権力を転覆させ、あらたな王座に就こうとしているのかもしれない。

青年　……もしもそうだとしたら？

哲人　**あなたは承認欲求に搦《から》めとられている。**どうすれば他者から愛されるのか、どうすれば他者から認められるのかばかりを考えて生きている。自分で選んだはずの教育者という道さえ、もしかすると**「他者から認められること」**を目的とした、**「他者の望むわたし」**の**人生**かもしれないのです。

青年　……この道が、教育者としての、この生が⁉

哲人　子ども時代のライフスタイルを保持している限り、その可能性は拭《ぬぐ》えません。

青年　ええい、あなたになにがわかる！　大人しく聞いていれば、人の家族関係を勝手に捏造して、しかも教育者としてのわたしまで否定しようというのか‼

哲人　就職によって自立が成しえるわけでないことはたしかです。われわれは多かれ少なかれ、親の愛に支配されて生きている。親から愛されることを希求せざるをえない時代に、自らのライフスタイルを選択している。しかもその**「愛されるライフスタイル」を強化しながら年齢を重ね、大人になっていく。**

与えられる愛の支配から抜け出すには、自らの愛を持つ以外にありません。愛すること。愛されるのを待つのではなく、運命を待つのでもなく、自らの意思で誰かを愛すること。それしかないのです。

人は「愛すること」を恐れている

青年　……普段はなんでも「勇気」の問題に還元するあなたが、今回はすべてを「愛」で片づけようというわけですか。

哲人　愛と勇気は、密接なつながりをもっています。あなたはまだ、愛を知らない。愛を恐れ、愛をためらっている。それゆえ、子ども時代のライフスタイルにとどまっている。愛に飛び込む勇気が足りていないのです。

青年　愛を恐れている……？

哲人　フロムは言います。「人は意識のうえでは愛されないことを恐れているが、ほんとうは、**無意識のなかで、愛することを恐れているのである**」と。そしてこう続けるのです。「愛するとは、なんの保証もないのに行動を起こすことであり、こちらが愛せばきっと相手の心にも愛が生まれるだろうという希望に、全面的に自分をゆだねることである」と。

たとえば、相手の好意をなんとなく察知した瞬間、その人のことが気になり、やがて好きになっていく。こういうことはよくありますね？

青年　ええ、あります。ほとんどの恋愛はそうだといっても過言ではないほどです。

哲人　これは、たとえ自分の勘違いだったとしても、なんとなく「愛される保証」が確保できた状態です。「あの人は、きっと自分のことが好きなのだ」「自分の好意を拒絶したりはしないはずだ」という担保のようなものを感じている。そしてわれわれは、この担保を頼りに、より深く愛していくことができるわけです。

一方、フロムの語る「愛すること」は、そのような担保をいっさい設けません。**相手が自分のことをどう思っているかなど関係なしに、ただ愛する**のです。愛に身を投げるのです。

青年　……愛に担保を求めてはいけない。

哲人　そう。どうして人は、愛に担保を求めるのか。おわかりになりますか？

青年　傷つきたくない、みじめな思いをしたくない。そういうことでしょう。

哲人　いいえ。そうではなく、「傷つくに違いない」と思い、「みじめな思いをするに違いない」と、半《なか》ば確信しているのです。

青年　なんですって!?

哲人　あなたはまだ、自分のことを愛せていない。自分のことを尊敬できていないし、信頼できていない。だから愛の関係において「傷つくに違いない」「みじめな思いをするに違いない」と決めつけてしまう。こんな自分を愛してくれる人など、いるはずがないのだと。

青年　……でも、でも、それが事実じゃありませんか！

哲人　わたしは、なんら優れたところのない人間である。だから誰とも愛の関係を築くことができない。担保のない愛には踏み出せない。……これは典型的な**劣等コンプレックス**の発想です。**自らの劣等感を、課題を解決しない言い訳に使っている**のですから。

青年　し、しかし……。

哲人　課題を分離するのです。愛することは、あなたの課題です。しかし、相手があなたの愛にどう応《こた》えるか。これは他者の課題であって、あなたにコントロールできるものではありません。あなたにできることは、課題を分離し、**ただ自分から先に愛すること**、それだけです。

青年　……いや、一度整理しましょう。たしかに、わたしは自分を愛することができていない。大きな劣等感を抱え、それが劣等コンプレックスにまで発展している。切り分けるべき課題を、分離できていない。いまの議論を客観的に判断するならそういうことになるでしょう。

じゃあ、どうすればわたしの劣等感は払拭されるのか？　結論はひとつです。「こんなわたし」を受け入れ、愛してくれる人と出会うことですよ！　そうでなければ、自分を愛するなどできません！

哲人　つまり、あなたの立場は、「あなたが愛してくれるなら、あなたのことを愛する」なのですね？

青年　……まあ、簡潔に言えばそうなるでしょう。

哲人　結局あなたは、「この人はわたしを愛してくれるのか？」しか見ていないわけです。相手のことを見ているようで、自分のことしか見ていない。そんな態度で待ち構えているあなたを、誰が愛してくれるでしょうか？

青年　……もしもそんな自己中心的な欲求に応えてくれる人がいるとすれば、それは両親だけでしょう。両親の愛、ことに母親の愛は無条件ですから。

青年　……わたしを子ども扱いするつもりか!!

哲人　いいですか、あの「黄金時代」は、もう終わったのです。そして世界は、あなたの母親ではない。**あなたは自分の隠し持つ子ども時代のライフスタイルを直視し、刷新《さっしん》しなければならない。愛してくれる誰かが現れるのを待っていてはいけません。**

青年　ああ、完全に堂々巡りだ！

運命の人は、いない

哲人　立ち止まってはいけません。もう一歩前に進みましょう。本日の最初、教育に関する議論のなかでわたしは、ふたつの「強要しえないもの」について話しました。

青年　……尊敬と愛、ですね。

哲人　そう。どんな独裁者であれ、わたしを尊敬しろと強要することはできない。尊敬の関係においては、こちらから先に尊敬を寄せるしかない。その結果、相手がどのような態度に出ようとも、自分にできることはそれしかない。そんな話をしました。

青年　そして、愛も同じだと？

哲人　ええ。愛も、強要することはできません。

青年　しかし、先生はまだ大きな質問にお答えになっていません。わたしにだって、誰かのことを愛したい気持ちはあります。嘘偽りなく、あります。愛への恐れとは別に、愛を渇望《かつぼう》する気持ちはあるのです。では、どうして愛に踏み出さないのか？

……肝心の「愛すべき人」に出会えていないからですよ！　運命的な相手に出会えていないからですよ！　「愛すべき人」に出会えていないか　恋愛に関する最大の難関は、「出会い」にあるのです！

哲人　真実の愛は、運命的な出会いからはじまると？

青年　当然でしょう。自分の人生を捧げ、人生の「主語」まで変えるような相手なのですから。いい加減な相手に自分のすべてを差し出すような真似はできません！

哲人　それでは、どのような人のことを「運命の人」と呼ぶのでしょう？　つまり、どうやって運命を察知するのでしょう？

青年　わかりません。……きっと「そのとき」がくれば、わかるのでしょうね。わたしにとっては未知の領域です。

哲人　なるほど。それではまず、アドラーの基本的な立場をお答えしましょう。恋愛にしろ、人生全般にしろ、**アドラーは「運命の人」をいっさい認めません。**

青年　われわれに「運命の人」はいない⁉

哲人　いません。

青年　……ちょっと、それはさすがに聞き捨てならない話ですよ！

哲人　なぜ、多くの人は恋愛に「運命の人」を求めるのか？　どうして結婚相手にロマンティックな幻想を抱くのか？　その理由についてアドラーは、**「すべての候補者を排除するため」**だと断じます。

青年　候補者を排除する？

哲人　あなたのように「出会いがない」と嘆く人も、じつは毎日のように誰かと出会っているのです。よほど特別な事情がない限り、この1年のあいだ誰とも出会わなかったという人はいません。……あなたもたくさんの人と出会っていますね？

青年　同じ場に居合わせる、という程度も含むのでしたら。

哲人　しかし、そのささやかな「出会い」を、なにかしらの「関係」に発展させるには、一定の勇気が必要です。声をかけたり、手紙を送ったり。

青年　ええ、そうですとも。一定の勇気どころか、最大限の勇気が必要です。

哲人　そこで「関係」に踏み出す勇気をくじかれた人は、どうするか？「運命の人」という幻想にすがりつくのです。……いまのあなたがそうであるように。

目の前に愛すべき他者がいるのに、あれこれ理由を並べて「この人ではない」と退け、「もっと理想的な、もっと完璧な、もっと運命的な相手がいるはずだ」と目を伏《ふ》せる。それ以上の関係に踏み込もうとせず、ありとあらゆる候補者を、自らの手で排除する。

青年　……い、いや。

哲人　こうして過大な、ありもしない理想を持ち出すことによって、生きた人間と関わり合いになることを回避する。それが**「出会いがない」と嘆く人の正体**だと考えてください。

青年　わたしは「関係」から逃げている……？

哲人　そして**可能性のなかに生きている**のです。「いまはまだ幸せが訪れていないが、運命の人に出会いさえすれば、すべてがうまくいくはずだ」と。

青年　……忌々しい！　ああ、なんと忌々しい洞察だ！

哲人　たしかに、聞いていて気持ちのよくなる話ではないでしょう。しかし、「運命の人」を求める「目的」を考えると、おのずと議論はそこに落ち着きます。

愛とは「決断」である

青年　じゃあ、聞きましょう。仮に「運命の人」が存在しないとするなら、われわれはなにをもって結婚を決意するのです？　結婚とは、この広大な世界からたったひとりの「この人」を選ぶことですよね？　まさか容姿や財力、地位などの「条件」で選ぶとでも？

哲人　結婚とは、「対象」を選ぶことではありません。自らの生き方を選ぶことです。

青年　生き方を選ぶ!?　じゃあ、「対象」は誰でもいいと？

哲人　究極的にはそうでしょう。

青年　ふ、ふざけるな!!　そんな議論、誰が認めるものか！　撤回しなさい、いますぐ撤回するのです!!

哲人　反発の多い議論であることは認めます。しかし、**われわれはいかなる人をも愛することができるのです。**

青年　冗談じゃない！　だったらあなたは、そのへんを歩いている、どこの誰とも知らない女性をつかまえ、その女性を愛し、結婚することができますか？

哲人　わたしがそれを決意するならば。

青年　決意!?

哲人　もちろん、誰かとの出会いに「運命」を感じ、その直感に従って結婚を決意した、という人は多いでしょう。しかしそれは、あらかじめ定められた運命だったのではなく、**「運命だと信じ**

ること」を決意しただけなのです。

フロムはこんな言葉を残しています。「誰かを愛するということはたんなる激しい感情ではない。**それは決意であり、決断であり、約束である**」と。

出会いのかたちなど、どうでもいい。もしもそこからほんとうの愛を築いていく決意を固め、「ふたりで成し遂げる課題」に立ち向かうのであれば、いかなる相手との愛もありえます。

青年　……お気づきですか？　先生はいま、ご自身の結婚に唾《つば》を吐きかけているのですよ！　わたしの妻は運命の人ではなかった、相手は誰でもよかったのだと!!　ご家族の前でそう言ってのけるのですか！　もしもそうだとしたら、あなたはとんでもないニヒリストだ!!

哲人　ニヒリズムではなく、リアリズムです。アドラー心理学は、あらゆる決定論を否定し、運命論を退けます。われわれに「運命の人」などいないのだし、その人が現れるのを待ってはいけない。待っていたのでは、なにも変わらない。この原則を譲るつもりはありません。

しかし、パートナーと一緒に歩んできた長い年月を振り返ったとき、そこに「運命的ななにか」を感じることはあるでしょう。その場合の運命とは、あらかじめ定められていたものではない。偶然に降ってきたものでもない。ふたりの努力で築き上げてきたものであるはずです。

青年　……どういう意味です？

哲人　もうおわかりでしょう。……**運命とは、自らの手でつくり上げるものなのです。**

青年　……‼

哲人　われわれは運命の下僕《げぼく》になってはいけない。運命の主人であらねばならない。運命の人を求めるのではなく、運命といえるだけの関係を築き上げるのです。

青年　でも、具体的にどうしろと⁉

哲人　**踊るのです**。わかりもしない将来のことなど考えず、存在するはずもない運命のことなど考えず、ただひたすら、目の前のパートナーと**「いま」をダンスする**のです。

　アドラーは、ダンスのことを「ふたりの人間が共同の仕事に参加する遊び」だとして、子どもたちにも広く推奨していました。愛と結婚は、まさしくふたりで踊るダンスのようなものでしょう。どこへ行くのかなど考えることなく、互いの手を取り合い、今日という日の幸せを、いまという瞬間だけを直視して、くるくると踊り続ける。あなたたちが長いダンスを踊りきった軌跡《きせき》のことを、人は「運命」と呼ぶでしょう。

青年　愛と結婚は、ふたりで踊るダンスである……。

哲人　あなたはいま、人生というダンスホールの壁際に立って、ただ踊る人たちを傍観《ぼうかん》している。「こんな自分と踊ってくれる人などいるはずがない」と決めつけ、心のどこかで「運命の人」が手を差し伸べてくれることを待ちわびている。これ以上みじめな思いをしないように、自分を嫌いにならないように、歯を食いしばって精いっぱいに自分を守っている。

……やるべきことはひとつでしょう。**そばにいる人の手を取り、いまの自分にできる精いっぱいのダンスを踊ってみる。運命は、そこからはじまるのです。**

ライフスタイルを再選択せよ

青年　ダンスホールの壁際で傍観する男……。ふふふ、相変わらず人のことをボロ雑巾《ぞうきん》のように扱うのですね。……ただ、わたしだってね、ダンスを踊ろうとしたこと、実際に踊ってみたことは、当然あります。つまり恋人といえる相手を得たことは。

哲人　ええ、そうでしょう。

青年　でもそれは、とても結婚につながるような関係ではなかった。わたしも彼女も、互いを愛し合って付き合うことになったのではなく、ただ「彼氏」や「彼女」と呼べる相手がほしかっただけなのでしょう。いつか終わりがくる関係であることは、ふたりとも十分理解していました。

将来のこと、ましてや結婚のことが話題に上ったことは、一度としてありません。まさに刹那《せつな》的な関係です。

哲人　人生の若い日には、そういう関係もあるでしょう。

青年　しかもわたしは、彼女のことを最初から妥協の対象と見なしていた。「不満もいろいろあるが、高望みできる身分じゃない。自分にはこれくらいの相手が分相応《ぶんそうおう》なのだ」と。きっと彼女もそうやって、わたしを選んだのだと思います。まあ、いまになって考えると、ほんとうに恥ずべき発想ですよ。たとえ高望みできないのが現実だとしても。

哲人　その気持ちと向き合えたことは、立派です。

青年　そこでぜひ、聞かせていただきたい。いったい先生は、なにをもって結婚を決意されたのですか？「運命の人」など存在せず、この先ふたりがどうなるかもわからない。もっと素敵な別の誰かと出会う可能性だって、十分に残されている。結婚してしまえば、その可能性も消えてしまう。なのにわれわれは、いや先生は、どうやってたったひとりの「この人」との結婚を決意したのでしょう？

哲人　幸せになりたかったのです。

青年　えっ？

哲人　この人を愛したならば、自分はもっと幸せになれる。そう考えたのです。いまになって思えば、それは「わたしの幸せ」を超えた、「わたしたちの幸せ」を求める心だったのでしょう。しかし、当時のわたしはアドラーのことも知らないし、愛と結婚を理屈で考えることもしていませんでした。ただ、幸せになりたかった。それだけです。

青年　わたしだってそうですよ！　人はみな幸せになりたいと願い、交際をはじめる。でも、それと結婚とは別でしょう！

哲人　……あなたの願いは**「幸せになりたい」ではなく、もっと安直な「楽になりたい」だった**のではありませんか？

青年　……なっ!!

哲人　愛の関係に待ち受けるのは、楽しいことばかりではありません。引き受けなければならない責任は大きく、つらいこと、予期しえぬ苦難もあるでしょう。**それでもなお、愛することができるか。**どんな困難に襲われようとこの人を愛し、ともに歩むのだという決意を持っているか。その思いを約束できるか。

青年　愛の……責任とは？

哲人　たとえば「花が好きだ」と言いながら、すぐに枯《か》らしてしまう人がいます。水をやるのを忘れ、鉢《はち》の植え替えもせず、日当たりのことも考えないで、ただ見栄えのいいところに鉢を置く。たしかにその人も、花を眺めることが好きなのは事実なのでしょう。しかし、「花を愛している」

とは言えない。愛は、もっと献身的な働きかけなのです。

あなたの場合も同じです。あなたは、愛する者が背負うべき責任を回避していた。恋愛の果実だけをむさぼり、花に水をやることも、種を植えることもしなかった。まさに利那的な、享楽《きょうらく》的な愛です。

青年　……わかっていますよ！　わたしは彼女のことを愛していなかった！　彼女の好意を、都合よく利用しただけだった！

哲人　愛していなかったのではありません。**「愛する」ということを知らなかったのです。**もしも知っていたなら、あなたはその女性と運命の関係を築くことだってできたでしょう。

青年　彼女と？　わたしが彼女と⁉

哲人　フロムは言います。**「愛とは信念の行為であり、わずかな信念しか持っていない人は、わずかにしか愛することができない」**と。……アドラーならこの「信念」を、「勇気」と言い換えるでしょう。あなたはわずかな勇気しか持っていなかった。だから、わずかにしか愛することができなかった。愛する勇気を持てず、子ども時代の、愛されるライフスタイルにとどまろうとした。それだけなのです。

青年　愛する勇気があれば、わたしは彼女と……。

哲人　……ええ。愛する勇気、すなわちそれは、**「幸せになる勇気」**です。

青年　あのとき、「幸せになる勇気」を持っていれば、わたしは彼女を愛し、「ふたりで成し遂げる課題」に向き合っていたと?

哲人　そして自立を果たしていたことでしょう。

青年　……いや、いや、わからない！　だって愛だけ、愛だけですか!?　われわれが幸せを手に入れるには、ほんとうに愛しかないのですか!?

哲人　愛だけです。「楽をしたい」「楽になりたい」で生きている人は、つかの間の快楽を得ることはあっても、ほんとうの幸せをつかむことはできません。**われわれは他者を愛することによってのみ、自己中心性から解放されます。他者を愛することによってのみ、自立を成しえます。そして他者を愛することによってのみ、共同体感覚にたどりつくのです。**

青年　でも、幸せとは貢献感であり、「貢献感を持てれば、幸せが得られる」とあのときおっしゃったじゃありませんか！　あの言葉は嘘だったのですか!!

哲人　嘘ではありません。問題は貢献感を得るための方法、もしくは生き方なのです。本来、人間はただそこにいるだけで誰かに貢献できています。目に見える「行為」ではなく、その「存在」によってすでに貢献しています。なにか特別なことをする必要はないのです。

青年　嘘です！　そんな実感ありません！

哲人　それはあなたが、「わたし」を主語に生きているからでしょう。**愛を知り、「わたしたち」**

を主語に生きるようになれば、変わります。生きている、ただそれだけで貢献し合えるような、人類のすべてを包括《ほうかつ》した「わたしたち」を実感します。

青年　……パートナーだけではない、全人類を包括する、「わたしたち」を実感すると？

哲人　すなわち、共同体感覚です。……さあ、わたしはこれ以上、あなたの課題に踏み込むことはできません。しかし、もしもアドバイスを求められるとしたなら、こう言うでしょう。**「愛し、自立し、人生を選べ」**と。

青年　愛し、自立し、人生を選べ！

哲人　……ご覧《らん》なさい。東の空が、少しずつ白みはじめました。

青年はいま、アドラーの語る愛を全身で理解した。もしもわたしに「幸せになる勇気」があれば、わたしは誰かを愛し、人生を再選択するのだろう。ほんとうの自立を果たすのだろう。視界を覆っていた濃い霧が、瞬《また》く間に晴れていく。しかし、青年はまだ知らない。霧が晴れた先に待っているのは、楽園のような美しい草原ではないことを。愛し、自立し、人生を選ぶ。それがいかに困難な道であるかを。

シンプルであり続けること

青年　……なんという結論だ。
哲人　このあたりで、おしまいにしましょう。そして今夜を、最後の面会としましょう。
青年　えっ？
哲人　この書斎は、あなたのような若い人が何度も足を運ぶ場所ではありません。そしてなによりあなたは教育者です。あなたのいるべき場所は教室であり、あなたが語り合うべき仲間は、これからを生きる子どもたちです。
青年　でも、まだ解決していません！　ここで終わってしまっては、わたしはかならずや、道に迷う。なぜならまだ、アドラーの階段に到達していない！
哲人　……たしかに階段を登りはじめてはいません。でも、一段目に足をかけるところには到達しているでしょう。３年前、わたしは言いました。**「世界はシンプルであり、人生もまた同じであ**

る」と。そしてここまでの議論を終えたいま、もうひと言だけ付け加えましょう。

青年　なにを？

哲人　世界はシンプルであり、人生もまた同じである。しかし、**「シンプルであり続けることはむずかしい」**と。そこでは、「なんでもない日々」が試練となるのです。

青年　ああ……!!

哲人　アドラーを知り、アドラーに同意し、アドラーを受け入れるだけでは、人生は変わりません。しばしば人は、「最初の一歩」が大切だと言います。そこさえ乗り越えれば大丈夫だと。もちろん最大のターニングポイントは、「最初の一歩」でしょう。

　しかし、実際の人生は、なんでもない日々という試練は、「最初の一歩」を踏み出したあとからはじまります。**ほんとうに試されるのは、歩み続けることの勇気なのです。**ちょうど、哲学がそうであるように。

青年　まさに、まさに日々が試練ですよ!!

哲人　この先あなたは、何度となくアドラーと衝突するでしょう。疑念を抱くでしょう。歩みを止めたくなるかもしれず、愛することに疲れ、愛される人生を求めたくなるかもしれません。そして再び、この書斎を訪ねたくなるかもしれません。

　しかしそのときには、子どもたちと、あたらしい時代を生きる仲間たちと語り合ってください。

そしてできれば、アドラーの思想をそのままに継承するのではなく、あなた方の手で更新していってください。

青年　わたしたちが、アドラーを更新する⁉

哲人　アドラーは、自らの心理学が、教科書的に固定され、専門家のあいだでのみ継承されていくことを望みませんでした。彼は自らの心理学を**「すべての人の心理学」**と位置づけ、アカデミズムの世界から遠く離れた、**人々のコモンセンスとして生き続けることを希望しました。**

われわれは、永久不変の聖典を手にする宗教者ではありません。そしてアドラーは不可侵の教祖ではなく、われわれと同じ地平に存在した、ひとりの哲学者です。……時は流れます。あたらしい技術が生まれ、あたらしい関係が生まれ、あたらしい悩みが生まれます。人々のコモンセンスは時代にあわせてゆっくりと変化していきます。われわれはアドラーの思想を大切にするからこそ、それを更新していかなければならない。原理主義者になってはならない。これは、あたらしい時代に生きる人間に託された、使命なのです。

あたらしい時代をつくる友人たちへ

青年　……先生は、先生は今後どうするのです⁉

哲人　また風の噂を聞きつけた若い人が、やってくるでしょう。どんなに時代が変わっても、人間の悩みは変わらないのですから。……覚えておいてください。われわれに与えられた時間は、有限なものです。そして時間が有限である以上、すべての対人関係は「別れ」を前提に成り立っています。ニヒリズムの言葉ではなく、現実としてわれわれは、**別れるために出会う**のです。

青年　……ええ、たしかに。

哲人　だとすれば、われわれにできることはひとつでしょう。**すべての出会いとすべての対人関係において、ただひたすら「最良の別れ」に向けた不断の努力を傾ける。**それだけです。

青年　最良の別れに向けた、不断の努力⁉

哲人　いつか別れる日がやってきたとき、「この人と出会い、この人とともに過ごした時間は、間違いじゃなかった」と納得できるよう、不断の努力を傾けるのです。生徒たちとの関係においても、ご両親との関係においても、そして愛する人との関係においても。

たとえばいま、突然ご両親との関係が終わってしまうとしたら、生徒さんたちとの関係、友人たちとの関係が終わってしまうとしたら、あなたはそれを「最良の別れ」として受け入れることができますか？

青年 い、いえ。とても……。

哲人 では、そう思えるような関係をこれから築いていくしかないでしょう。**「いま、ここを真剣に生きる」**とは、そういう意味です。

青年 まだ、間に合いますか？ これからはじめても、間に合いますか？

哲人 間に合います。

青年 でも、アドラーの思想を実践するには時間が必要です。先生もおっしゃっていたじゃありませんか。「それまで生きてきた人生の、半分の時間がかかる」と！

哲人 ええ。ただしそれは、アドラー研究者の見解です。アドラー自身は、まったく違う言葉を残しています。

青年 どんな言葉です？

哲人 ある人から「人間が変わるのに、タイムリミットはあるか？」と質問を受けたアドラーは、たのです。「寿命を迎える、その前日までだ」。

「たしかにタイムリミットはある」と答えました。そしていたずらっぽく微笑んで、こう付け加えたのです。**「寿命を迎える、その前日までだ」**。

青年　……ははっ！　なんて御方だ！

哲人　愛に踏み出しましょう。そして愛した人と、「最良の別れ」に向けた不断の努力を傾けましょう。タイムリミットなど、気にする必要はありません。

青年　わたしにできるとお考えですか？　そんな不断の努力が？

哲人　もちろんです。われわれは3年前に出会ってからずっと、その努力を傾けてきました。そしていま、こうして「最良の別れ」を迎えようとしています。われわれが過ごした時間には、ひとつの後悔もないはずです。

青年　……ええ、ええ！　まったくありませんよ！

哲人　これほど清々《すがすが》しい気持ちで別れられることを、わたしは誇らしく思います。わたしにとってあなたは、最良の友人です。どうもありがとう。

青年　いや、もちろんありがたい。そう言っていただいて、ありがたいですよ、ほんとうに。しかしわたしは、自分がその言葉に値《あたい》する人間なのか、自信が持てない！　ほんとうにここで、永遠の別れが必要なのですか？　もう二度と会うことはできないのですか？

哲人　それが知を愛する者としての、つまり哲学者としての、あなたの自立です。3年前、わたしは言いましたね？　答えとは与えてもらうものではなく、自らの手で導き出すものだと。あなたにはもう、その準備が整っています。

青年　先生からの、自立……。

哲人　今回わたしはひとつ、大きな希望を抱くことができました。あなたの生徒たちが学校を卒業し、やがて誰かを愛し、自立を果たし、ほんとうの大人になっていく。そんな生徒たちが、何十何百と増えていったとき。もしかしたら時代は、アドラーに追いつくのかもしれないと。

青年　……まさに3年前、わたしが教育の道を志したときの目標がそれですよ！

哲人　その未来をつくるのは、あなたです。迷うことはありません。未来が見えないこと、それは未来に無限の可能性があるということです。**われわれは未来が見えないからこそ、運命の主人になれる**のです。

青年　ええ、見えません、まったく！　清々しいくらいに、なにも！

哲人　わたしはこれまで一度も弟子をとらず、あなたに対しても弟子という意識を持たないよう、細心の注意を払いながら接してきました。でも、伝えるべきことをすべて伝えたいま、ようやくわかった気がします。

青年　なにを？

哲人　わたしが探し求めていたのは、弟子でも後継者でもなく、ひとりの伴走者だったのです。

あなたは同じ理想を掲げるかけがえのない伴走者として、これからわたしの歩みを勇気づけてくれるでしょう。この先あなたがどこにいようとも、わたしはあなたの存在を身近に感じ続けるはずです。

青年　……先生!!　走ります、わたしは伴走しますよ、いつまでも!!

哲人　さあ、顔を上げて教室に戻るのです。生徒たちが待っています。あたらしい時代が、あなたたちの時代が待っています。

外界から隔絶《かくぜつ》された、哲人の書斎。この扉から一歩外に出ると、そこには混《こん》沌《とん》が待っている。雑音が、軋轢《あつれき》が、降り止まぬ日常が待っている。「世界はシンプルであり、人生もまた同じである」「しかし、シンプルであり続けることは困難であり、そこでは日々が試練となる」。まったくそのとおりだ。それでもわたしは、再びこの混沌に身を投じる。わたしの仲間は、わたしの生徒は、大いなる混沌のなかを生きているのだから。わたしの生きる場所は、そこなのだから。……青年は大きく息を吸い込むと、意を決して現実の扉を開いた。

あとがき

古賀史健

本書は、2013年に刊行された岸見一郎先生との共著、『嫌われる勇気』の続編です。

もともと、続編を書く予定はありませんでした。アドラー心理学の創始者として知られる思想家、アルフレッド・アドラー。彼のすべてを語り尽くすことはかなわなくとも、その思想の核心部分を取り出すことには成功したのではないか。『嫌われる勇気』には、そんな手応えを感じていましたし、完結したはずの本に「続き」を設けるだけの意義が、うまく見出せなかったからです。

そして同書の刊行から1年ほどが過ぎたあるとき、他愛もない雑談のなかで、岸見先生がこんな言葉を漏らしました。

「もしもソクラテスやプラトンがいまの時代に生まれていたら、哲学ではなく、精神科医の道を選んでいたかもしれません」

あのソクラテスやプラトンが、精神科医になる？

ギリシア哲学の思想が、臨床の現場に持ち込まれる？

驚きのあまり、しばらく声が出ませんでした。岸見先生は、日本におけるアドラー心理学の第一人者でありながら、プラトンの翻訳を手がけるほど古代ギリシアに精通した哲学者です。当然、ギリシア哲学を軽んじての発言ではありません。もしも、本書『幸せになる勇気』が生まれたきっかけをひとつだけ挙げるとすれば、岸見先生が漏らしたこのひと言に他ならないでしょう。

アドラー心理学は、難解な専門用語をいっさい用いることなく、誰にでも理解できる平易な言葉で人生の諸問題を語ります。それは心理学というより、むしろ哲学のような響きを持った思想です。おそらく『嫌われる勇気』も、心理学の本としてではなく、ひとつの人生哲学のように受け入れられていったのではないかと思っています。

しかし一方で、この哲学的な響きは、心理学としての不完全さを示し、科学としての欠陥を意味しているのではないか？　だからこそアドラーは、「忘れられた巨人」となったのではないか？　心理学として未完成だったからこそ、アカデミズムの世界に定着しなかったのではないか？　そんな疑念が拭えないまま、アドラーに接してきました。

そこに光を与えてくれたのが、岸見先生の発言でした。

アドラーは、人間の心を分析するために心理学を選んだのではない。弟の死をきっかけに医学の道を志した彼にとって、その思想の中心課題は常に「人間にとっての幸福とはなにか？」だった。そしてアドラーが生きた20世紀の初頭、人間を知り、幸福の正体を問うもっとも先進的な手法が、たまたま心理学だったというだけなのだ。アドラー心理学という名称に目を奪われて、フロイトやユングとの比較に明け暮れるだけではいけない。アドラーが古代ギリシアに生まれていたら哲学を選んだはずだし、ソクラテスやプラトンが現代に生まれていたら、心理学を選んだのかもしれないのだ。……岸見先生が常々おっしゃっている「アドラー心理学は、ギリシア哲学と同一線上にある思想なのです」ということばの意味が、ようやく理解できた気がしました。

そこでアドラーの著作群を「哲学書」として読み返したわたしは、再び京都にある岸見先生のご自宅を訪ね、長い対話を重ねました。主題は当然、幸福論です。アドラーが一貫して問い続けた「人間にとっての幸福とはなにか?」です。

前回以上に熱を帯びた対話は、教育論、組織論、仕事論、社会論、そして人生論へと及び、最終的には「愛」と「自立」という大きなテーマが浮かび上がってきました。アドラーの語る愛、そしてアドラーの語る自立を、読者の方々がどう受け止めるのか。もしもわたし自身がそうだったように、人生を大きく揺るがせるほどの驚きと希望とを感じてくださったら、それに勝る喜びはありません。

最後に、知を愛する哲学者として常に正面から向き合ってくださった岸見一郎先生、長い執筆期間を根気強く支えてくださった編集の柿内芳文さんとダイヤモンド社の今泉憲志さん、そしてなにより読者の皆さまに心からの感謝を申し上げます。

どうもありがとうございました。

岸見一郎

時代を100年先駆けた思想家、アルフレッド・アドラー。

2013年に『嫌われる勇気』を刊行して以来、わが国のアドラーを取り巻く環境は大きく様変わりしました。たとえば、講演会や大学の講義でアドラーについて語るとき、以前だったら「100年前にアドラーという思想家がいた」というところから、話を始めなければなりませんでした。

しかし現在、全国のどこに出かけてもそのような話をする必要はありません。質疑応答での質問も、本質を突いた鋭いものばかりです。もはや「100年前にアドラーという思想家がいた」のではなく、多くの方々のなかに「アドラーがいる」ことを、強く実感します。

これは『嫌われる勇気』が史上最長となる51週連続1位を記録し、日本同様にミリオンセラーを達成した韓国においても、感じることです。

欧米では広く知られたアドラーですが、その思想が100年の時を超えてアジアで受け入れられるようになったことは、長年アドラー研究に取り組んできた身にとって感慨深いものがあります。

前作『嫌われる勇気』は、アドラー心理学の存在を知り、アドラーの思想を概観するための、いわば「地図」のような一冊でした。共著者の古賀史健さんと一緒に、

「アドラー心理学の入門書にして決定版」をめざして数年がかりでまとめあげた、大きな地図です。

　他方、本書『幸せになる勇気』は、アドラーの思想を実践し、幸福なる生を歩んでいくための「コンパス」となる一冊です。前作で提示した目標に向かって、どのように進んでいけばいいのかを示す、行動指針と言い換えてもいいでしょう。


　かねてよりアドラーは、誤解されやすい思想家でした。

　特にその「勇気づけ」というアプローチは、子育てや学校教育、また企業などの人材育成の現場において、「他者を支配し、操作する」というアドラーの本意からもっともかけ離れた意図を持って紹介され、悪用ともいえる扱われ方をされる事例が後を絶ちませんでした。

　もしかするとこれは、アドラーが他の心理学者に比べて「教育」に熱心だったことと関係しているのかもしれません。学生時代、社会主義に強い関心を抱いていたアドラーは、第一次世界大戦後にロシア革命の現実を知り、マルクス主義に失望します。そして政治改革ではない、教育改革による人類の救済を志向するようになりました。

　特に、ウィーン市に働きかけ、公立学校に世界初ともいえる児童相談所を数多く設立したことは、アドラーの大きな功績です。

しかも彼は、子どもや親に治療を施すだけではなく、教師や医師、カウンセラーたちの訓練の場としても、児童相談所を活用しました。いわばアドラー心理学は、学校を起点として世界へと広がっていったのです。

アドラーにとっての教育は、学力を向上させるとか、問題児を矯正するとか、そんな次元の話ではありません。人類を前進させ、未来を変えること。それこそが、彼にとっての教育だったのです。

「教師は子どもたちの心を形づくり、人類の未来は教師の手に委ねられている」。

アドラーはそこまで言い切っています。

それでは、アドラーは教職者だけに期待を寄せていたのでしょうか？

違います。彼がカウンセリングを「再教育」と位置づけていたことからもわかるように、アドラーにとっては共同体に生きるすべての人が教育に携わっており、すべての人が教育を受ける立場にあったのです。実際、子育てを通じてアドラーに出会ったわたしも、子どもたちから多くの「人間知」を学びました。無論、あなたもひとりの教育者であり、ひとりの生徒であるはずです。

自らの心理学についてアドラーは、「人間を理解するのは容易ではない。個人心理学（アドラー心理学）は、おそらくすべての心理学のなかで、学び実践することがもっとも困難である」と語っています。

アドラーを学ぶだけでは、なにも変わりません。

知識として知っているだけでは、ひとつも前に進みません。

そして勇気を振り絞って一歩を踏み出したとしても、歩みをそこで止めてはいけません。次の一歩を踏み出し、また次の一歩を踏み出す。その果てしない一歩の積み重ねが、「歩む」ということなのです。

地図を読み、コンパスを手にしたあなたが、これからどんな道を歩んでいくのか。あるいはその場に留まるのか。もしも本書が「幸せになる勇気」を持つ一助になれば、それほど嬉しいことはありません。

［著者］

岸見一郎（きしみ・いちろう）

哲学者。1956年京都生まれ、京都在住。京都大学大学院文学研究科博士課程満期退学。専門の哲学（西洋古代哲学、特にプラトン哲学）と並行して、1989年からアドラー心理学を研究。日本アドラー心理学会認定カウンセラー・顧問。世界各国でベストセラーとなり、アドラー心理学の新しい古典となった前作『嫌われる勇気』執筆後は、アドラーが生前そうであったように、世界をより善いところとするため、国内外で多くの〝青年〟に対して精力的に講演・カウンセリング活動を行う。訳書にアドラーの『人生の意味の心理学』『個人心理学講義』、著書に『アドラー心理学入門』など。本書では原案を担当。

古賀史健（こが・ふみたけ）

株式会社バトンズ代表。ライター。1973年福岡生まれ。書籍のライティング（聞き書きスタイルの執筆）を専門とし、ビジネス書やノンフィクションの分野で数多くのベストセラーを手掛ける。2014年、「ビジネス書ライターという存在に光を当て、その地位を大きく向上させた」として、ビジネス書大賞2014・審査員特別賞受賞。前作『嫌われる勇気』刊行後、アドラー心理学の理論と実践の間で思い悩み、ふたたび京都の岸見一郎氏を訪ねる。数十時間にわたる議論を重ねた後、「勇気の二部作」完結編としての本書をまとめ上げた。単著に『20歳の自分に受けさせたい文章講義』『取材・執筆・推敲』など。

幸せになる勇気——自己啓発の源流「アドラー」の教えⅡ

2016年2月25日　第1刷発行
2025年6月30日　第25刷発行

著　者——岸見一郎
　　　　　古賀史健
発行所——ダイヤモンド社
〒150-8409　東京都渋谷区神宮前6-12-17
https://www.diamond.co.jp/
電話／03·5778·7233（編集）　03·5778·7240（販売）
製作進行——ダイヤモンド・グラフィック社
印刷————勇進印刷（本文）・新藤慶昌堂（カバー）
製本————ブックアート
ブックデザイン——吉岡秀典
フォントディレクター——紺野慎一
イラスト——ルネッサンス吉田
校閲————鷗来堂
編集————今泉憲志／柿内芳文

ISBN 978-4-478-06611-9